博多商人

鴻臚館から現在まで

読売新聞西部本社編

海鳥社

目次

鎖国に抗して

夢を紡ぐ

山頂から昇る朝日が一気に空と海を染める。博多湾に臨むこの地には大陸からの富が集まり，商人たちは熱い思いをたぎらせた（福岡市西区愛宕浜から）

海を開く

日本の玄関・鴻臚館

福岡城跡にあった旧平和台野球場は、西鉄ライオンズの本拠地で、高校球児の晴れ舞台だった。試合のたびにファンの大歓声が球場を包んだ。

南側の外野スタンドだった付近では、古代の迎賓館・鴻臚館《こうろかん》（筑紫館《つくしのむろつみ》）跡の発掘調査が続いている。今でこそ海岸線まで一キロもあるが、古代、このあたりは博多湾に突き出した小高い岬で、鴻臚館のすぐ下が海だったと考えられている。

九州北部に勢力を広げ朝鮮半島とも交流していた筑紫君磐井《つくしのきみいわい》が、継体二十一（五二七）年、反乱を起こした。平定した大和朝廷は、那津《なのつ》（博多）に軍事用の食料を備蓄する官家《みやけ》を置いた。朝鮮派兵に備えての兵站《へいたん》基地でもあった。

天智二（六六三）年、白村江の戦いで唐と新羅に敗れた朝廷は、博多湾から離れた内地に大宰府を置き、外交・軍事拠点としたが、迎賓館の機能はここに残した。それが筑紫館となった。後に外国人を接待する唐の役所・鴻臚寺に倣って鴻臚館と称した。「鴻臚」は「広く伝える」という意味だ。平安京、難波と合わせて三か所に置かれ、外国使節受け入れの窓口だった。

もう一つの役割が、遣唐使や遣新羅使が渡航の準備をする宿泊施設だった。旅装を整えた使節たちは、銀や絹、メノウなどを献上品として携え、鴻臚館の真下に位置する荒津から大陸に向かった。唐に着いた一行は長安（現・陝《せん》西《せい》省西安市）の市で買い物をすることも許され、さまざまな珍しい品々を持ち帰った。

鴻臚館や荒津周辺は、大陸からの船が着くたび、喜びに沸き立っただろう。

平安時代に出された「太政官符」は、博多を「輻湊《ふくそう》之津」（方々から物が集まる地）と表現している。

シルクロードを伝って地中海やイスラム世界からもたらされた品々もあった。鴻臚館跡からは、中国各地や朝鮮で生産された陶磁器とともに、イスラム系の陶器やペルシャ系のガラス器なども見つかっている。

シルクロードが形成されるのは紀元前。

東京大学名誉教授だった江上波夫さん（歴史学）は次のように指摘する。

中央アジアの草原の遊牧民は、ヒツジやヤギを飼って豊かに暮らしていた。しかし、人口が増えたため食料難となり、広範囲に活動、交易などに頼らざるを得なくなる。絹と自分たちの馬を交換したり（絹馬交易）、地中海沿岸まで走り、そこで入手した金属器やブドウ酒、ガラスなどを売買し、巨利を得た。

交易が盛んになり、ペルシャ湾や紅海からアラビア海、マラッカ海峡を経

平安時代の鴻臚館周辺の景観（想像復元図。福岡市教育委員会蔵）

て中国南部に至る「海の道」もできた。江上さんは、「日本は、ユーラシア大陸とは、国家の成立でも、発展においても密接につながっている。シルクロードの終点である」とした。

鴻臚館は、シルクロードとつながる日本の玄関だった。

その場所については、長い間、官内《かんない》町（現・博多区中呉服町付近）説が有力だったが、大正十五（一九二六）年、九州帝国大学医学部教授だった中山平次郎が福岡城説を打ち出した。根拠の一つは『万葉集』だった。天平八（七三六）年、阿倍継麻呂を大使とした遣新羅使が詠んだとされる歌だ。

神さぶる荒津の崎に寄する波間
　無くや妹に恋ひ渡りなむ
今よりは秋づきぬらしあしひきの
　山松かげにひぐらし鳴きぬ

「荒津の崎」（西公園）の波音が聞こえ、「山松かげ」（高い場所）に位置するところ。その他の傍証も加え、すべての条件を満たすのは、福岡城内しかない、と結論。その後の発掘調査で中山説は立証された。

旧平和台野球場から陸上競技場へ向かう途中、桜の木立の間にひっそりと立つ石碑に、「今よりは秋づきぬらし……」の一首が刻まれている。

外交から交易の場に

外交の場だった筑紫館は、九世紀ごろには鴻臚館となり、唐や新羅の商人が頻繁に訪れるようになった。遣新羅使、遣唐使の廃止と前後し、交易の舞台へと役割を変化させていく。

使節を廃止した背景には、日本が属国と見なしたことによる新羅との関係悪化、また唐の衰退で大規模な使節団を派遣する意味が薄れたことがあった。一方で、使節を派遣しなくとも商人た

ちから珍しい品物を入手できるようになったこともある。

商人たちが来航するようになった契機について、石井正敏・中央大学教授（古代史）は、「双方の使節からの情報や、日本がもたらした高品質の真綿（絹綿）などから、唐や新羅の商人は日本が魅力のある市場だと知ったのではないか」と語る。

船は博多湾に入り、荒津に着岸する。鴻臚館は直ちに大宰府へ、大宰府は朝廷に急使を送って到着を知らせる。朝廷から派遣された唐物使《からものつかい》は、宮中や貴族からの依頼の品々を優先的に買い上げた。その残りは、地元の豪族らが買うことを許された。これが朝廷による管理貿易である。

平安京から大宰府までは、陸路で十四日、海路で三十日かかったため、商人たちは三か月から半年間滞在した。その間の行動範囲は鴻臚館内に限られていた。

右：鴻臚館は平和台野球場跡地（写真右下）にあった。左上の小高い森が西公園（荒津の崎），その沖に志賀島が見える
上：出土品の中には，鴻臚館を象徴する貴重な丸瓦も多い

商人たちは鴻臚館から出ることなく、貿易を終えると、また船に乗って帰っていった。沿岸に限られたこの時代の交易を「波打ち際貿易」と呼んでいる。

このころの貿易品は、奈良・正倉院の「鳥毛立女屛風《とりげりつじょのびょうぶ》」の下張りに使われていた反古《ほご》紙の記述が参考になる。貴族が新羅の商人から購入を希望する品物や数量、代価を記した許可申請書で、香料や薬、鏡などが挙げられている。代価は真綿で支払われ、九世紀半ばには砂金に変わっている。

鴻臚館の広さは、一〇〇メートル四方と推測されている。その中には「鴻臚北館」が、そばには「鴻臚中島館」があった。

鴻臚北館は、門楼を備えた大きな建物だった。天安二（八五八）年、僧・円珍が唐の商人の船で帰国した際に歓迎の宴が催されたという記録（「園城《おんじょう》寺《じ》文書」）もあり、迎賓館の機能を持っていたと考えられている。

瓦葺きで、柱は朱塗り、窓枠は緑色だった。当時、唐の宮殿や寺院などもこのように目を引く造りで、国の威力を示す鴻臚館は、これらを参考にしたと考えられている。海に面した高台にあり、博多湾を入ってくる船上からよく見えたことだろう。

　ここでは、どのような食事が供されていたのだろうか。時代はさかのぼるが、鴻臚館跡で見つかった奈良時代前半のトイレの遺構が手がかりになる。植物の種、花粉、魚の骨や寄生虫卵などが見つかっている。生か、十分火が通っていない肉や川魚を食べ、そのため、虫下しに効き目があるというウリの種も食していたようだ。ほかにも野菜やでんぷん質の食品など、必要な栄養素がまんべんなく含まれた食事が供されていたことがうかがえる。

　鴻臚中島館は、貞観十一（八六九）年に新羅の海賊が博多湾に攻めてきた際に置かれ、警備のため、大宰府から兵や武具を移した。これが、博多警固所の前身となっている。場所は当時とは異なるが、福岡市中央区には「警《け》固《ご》」の名が今も残っている。

　貿易がますます盛んになる中、延喜三（九〇三）年の太政官符では、朝廷が買い上げる前の貿易を厳しく禁じた。その六年後には、唐物使を派遣する代

鴻臚館跡から出土した青緑釉イスラム陶器（アッバース朝，9世紀。上）と，新羅陶器蓋（9－10世紀。ともに福岡市教育委員会蔵）

わりに大宰府役人を交易の実務にあたらせている。

　このころから、国家による管理貿易から民間貿易へと変わっていった。

渡来青磁、神秘の色

『源氏物語』に、こんな一節がある。光源氏が、久しぶりに末摘花《すえつむはな》の家へ立ち寄った。格子の間からのぞくと、女房四、五人が、品数も少なく、粗末な食事をとっていた。

　ふと、お膳を見ると、そこには当時最も高級なものとされていた「秘色《ひそく》やうの唐土《もろこし》のもの」（秘色青磁）があった。

　女房たちが食べていたのは末摘花のお膳のお下がりで、その器は父・常陸宮《ひたちのみや》が愛用していたものだった。

　父の後ろ盾もなく、荒れ果てた屋敷での貧しい暮らし。その家で、父が遺した秘色青磁を大切に使う末摘花の心映えが鮮やかに浮かぶ、印象的な場面だ。

　「秘色」は、中国の越州窯《えつしゅうよう》（浙江《せっこう》省）の青緑色をした磁器のうち、ごく一部の最高級品を指す。唐代の詩文にも登場し、「神秘的な緑色」の意味で使われたようだ。

　中国・西安市の法門寺地下宮殿で見つかった唐代最高級と言われる秘色の青磁碗を図録で見ると、青緑色と言うよりは、少し白っぽくオリーブの実の色のようでもある。

　日本では十世紀半ばから、もえぎ色、翡翠《ひすい》色のような薄い青緑を示す色名にもなった。日本にもたらされた越州窯の青磁は、法門寺のものほど高級ではなく、色合いもいくぶん違っていたようだ。

　大陸との交易の窓口だった鴻臚館には「秘色」をはじめ、さまざまな品々が入ってきた。日本では手に入れることができない唐物は、貴族たちにとって、ステイタス・シンボルだったのだろう。

　唐物を満載した船は博多湾に入り、荒津に着く。陸揚げされたおびただしい品々は、小高い岬の上にあった鴻臚館に持ち込まれ、荷ほどきされる。待ち構えていた貴族の使いや有力豪族たちは、先を争って買いあさる——まるで、朝市のような騒ぎだったに違いない。

　紫式部の夫・藤原宣孝《のぶたか》は、結婚前に筑前守や大宰少弐《だざいしょうに》を務めていたことがある。鴻臚館での貿易に関する知識も豊富だったに違いない。夫から聞いた話が作品に反映していることも想像できる。

　十世紀後半の成立とされる『宇津保物語』でも、大宰大弐《だざいだいに》を務めたことのある滋野真菅《しげののますげ》が、食事で「秘色の杯」を使っている。

　主の真菅だけが秘色青磁、娘たちは金の杯ということからも、金以上に価値があったと考えられる。真菅は、筑紫と京を往復する筑紫船も持ち、娘たちに唐物の極上の絹を選ばせるという豪勢な生活を送る人物として描かれている。貿易を管理するポストが、これだけの財を生んだのかもしれない。

越州窯の青磁は、鴻臚館跡や周辺から大量に出土している。その多くが運搬中に割れたりして廃棄されたもので、黄色や茶色がかった色をしているのは、火災などで熱を受けたためだ。表面のきめが粗く、質の良くない大量生産品が重なったままの状態で発掘された例もある。それに対し、畿内での出土品は非常に数が少なく、上質で、法門寺の秘色に近い。

越州窯の青磁は、鴻臚館跡展示館や福岡市博物館、同市埋蔵文化財センターに保存されている。福岡市教育委員会埋蔵文化財課の池崎譲二係

鴻臚館跡から出土した青磁花文碗（越州窯製。五代，10世紀。福岡市教育委員会蔵）

長は、「秘色が最高級品とされたのは、国産にない色つやがあり、品質が良かったからでしょう」と話す。

大宰府役人の私貿易

「大宰府役人の間に賄賂が横行したという、あのころですよ」

福岡市在住の直木賞作家・白石一郎さんに、博多に商人らしい人々が生まれようとしていた時代はいつごろでしょうかと尋ねた。白石さんは即座にそう答えた。

それは十一世紀にさしかかったころ、鴻臚館時代の終末期とも重なる。大陸から渡ってきた品々が、鴻臚館から入り、朝廷の先買権に守られて都へ運ばれるという公式ルートが、制度の基盤から揺らいでいた。

当時の記述には、確かに大宰府役人の不祥事が残されている。

「このごろは富人をもって賢者と

なすなり」

藤原実資《さねすけ》は日記『小右記』で嘆いた。藤原道長に米を贈って大宰大弐のポストを得た藤原惟憲《これのり》が、管内九国二島（九州本島と壱岐、対馬）の人々からの収奪で私腹を肥やしたという。

大宰府長官にあたる権帥《ごんのそち》だった大江匡房《まさふさ》をめぐる説話（『古今著聞集《ここんちょもんじゅう》』所収）もある。

任期を終え都へ戻る際、正当な報酬で得た私財を「道理の船」に積み、不当な利益で得た私財を「非道の船」に積んで出港したが、「道理の船」は嵐で沈み、無事に到着したのは「非道の船」だった。

「世ははや末になり果てた。人は正直であってもしようがないものだ」

それが、和漢文学に優れ、菅原道真と比較されることもあったという大江の言だ。役人の腐敗がいかに進んでいたかをうかがわせる記述ではある。

鴻臚館跡から出土した三彩印花鴛鴦文陶枕（かえんおうもんとうちん。復元。唐，8－9世紀。福岡市教育委員会蔵）

その蓄財は、現地で採用された下級の大宰府役人の働きなしにはあり得なかったであろう。十世紀初めには、朝廷の先買権の監督は大宰府役人の務めになっており、貿易の仕組み、品定めなどの経験を積み、人脈を広げていたはずだ。

当時、宋からの輸入品は、麝香《じゃこう》や白檀《びゃくだん》といった香料、瑠璃《るり》の壺、錦などだった。

これら唐物は、朝廷やその周辺だけが欲したのではなかった。都や地方の貴族・豪族たちも望んだ。

積み荷の横流しや密貿易に、それを防ぐ役割の役人が手を染める。宋の商人と豪族らとの仲立ちとして賄賂を受け、先買権を無視した交易を黙認したり、自らも私的な取引を行ったりするようになったのだろう。

決まった値段でやりとりされる管

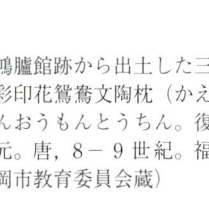

理貿易に対し、より高価格で、しかも幅広い取引を可能にする新しい舞台の登場。「宋の商人もそれを望んだだろう」と白石さんはみる。同時に、「事務能力の高い役人たちは、貿易は儲かるということに目覚めた」。

やがて、蓄積した貿易のノウハウを駆使して、「個人営業」を始める役人OBが現れ始めた。貴族や豪族に頼まれ、あるいは、自ら主体的に貿易を手がけるようになった。

武野要子・福岡大学名誉教授（日本経済史）は、「その一方で、大宰府周辺には、交易のおこぼれにあずかりたいという富豪層も集まっただろう」と指摘する。

彼らをストレートに博多商人の原型とみるわけにはいかない。

だが、その公正とは言えない商いの中に、人間くさい活力は生まれた。貿易を柱とした点においては、四百年後、五百年後の博多商人にもつながっていく。

外交と交易で賑わった筑紫の鴻臚館は、永承二（一〇四七）年の宿坊火災に関する記述を最後に歴史書から姿を消す。そして、ほどなく、前身の筑紫館から続いた約四百年の歴史に幕を閉じたとみられる。

それは私貿易が定着したことも意味している。古代から中世へ、交易の舞台は鴻臚館のあった荒津から、那珂川をはさんで東側の博多津へと移り、宋の商人たちもその地に定住していった。

チャイナタウン出現

十一世紀後半、博多の地に、日本で初めてのチャイナタウンが出現した――。川添昭二・九州大学名誉教授は、そう考える。川添教授の話から想像できる町の様子はこうだ。

中国から船が着くと、何艘もの小舟が岸から漕ぎ出した。積み荷を載せ替え、せわしなく往復する。陶磁器や織物、香料、薬品、書画が続々と陸揚げされた。

海岸から延びる大きな通りには鴟吻《しふん》（中国風の鯱《しゃち》）を飾った屋根瓦の豪奢な商家が軒を連ねている。運び込まれた品々は次々に商家へ。通りには商品を売る中国人とそれに群がる日本人があふれ、商談が始まる。町全体が活気に包まれた――。

福岡市教育委員会による百五十次にのぼる発掘調査によって、当時の様子が次第に明らかになっている。

宋の貿易商によって開かれた港は、現在の冷泉公園付近にあたる。そのころの博多は、櫛田神社、呉服町、聖福寺あたりの狭い一帯だった。大博通りを軸に、石堂川と博多川にはさまれた南北二キロ、東西〇・八キロくらいの範囲だ。海岸線は現在とは全く異なる。

港付近では陸揚げした白磁の不良品を大量に廃棄した場所「白磁だまり」

も確認されている。皿や碗の底には、「張綱」、「丁綱」、「李綱」などの文字がある。「張」や「丁」は荷主の姓。「綱《ごう》」は海上輸送のため組織された集団で、日本の貴族や寺社を顧客とする「総合商社」だったと言える。綱首《ごうしゅ》は船長を意味した。日本に定住し、貿易を生業《なりわい》とする人々は、「博多綱首」と呼ばれた。

宋の貿易の窓口は明州（現・寧波）だった。「博多津居住の丁淵、大宰府居住の張寧ら三人が、（明州の）寺院の参道建設のために、それぞれ十貫文を寄進した」と刻まれた石碑が、今も寧波に残っている。

『今昔物語集』に興味深い話が出てくる。

筑前国の貞重《さだしげ》は、名刀十振りを担保にして唐人船長から輸入物の絹織物など六、七千疋を入手、京に上って藤原道長の長男・頼通に献上した。帰途、貞重の従者が船に乗った商人と、真珠一個を水干《すいかん》（普段着）と交換した。帰郷後、唐人船長と話し合っているうち、

墨書白磁。墨で「王綱」と書かれている（福岡市埋蔵文化財センター蔵，写真提供：福岡市博物館）

右：「風俗画報」より「筑前国箱崎八幡宮正月三日玉せせり祭之図」（明治27年。福岡市博物館蔵）
左：「袖ノ湊」が描かれた「博多往古図」（部分。江戸時代後期。福岡県立図書館蔵）

従者が真珠を持っていることが船長の耳に入り、「それを私に下さいませんか」と貞重に頼んだ。貞重が従者から取り上げて渡すと、船長は名刀十振りをすべて貞重に返した……。

　舞台は「博多チャイナタウン」の東北約二キロに位置する筥崎宮（福岡市東区）だ。正月は「玉せせり」、秋は「放生会」で賑わう神社だが、当時は広大な荘園を有し、独自の武力も持つ貿易の拠点でもあった。宮司やその配下は直接・間接に交易を手がけ、綱首たちも寄人《よりうど》、神人《じにん》などとして、保護を受けていた。

　貞重は、代々筥崎宮の宮司で大宰府役人を兼任していた秦氏の一族とみられる。つまり輸入品販売会社のトップといった立場でもあった。

　六、七千疋は、現在の価格に直せば、安くても五千万円にはなるだろう。それだけの価値のある太刀十振りが真珠一個に及ばなかったということだろう。

　貞重はまた、時の権力者に面会し、豪華なプレゼントをしている。用件は不明だが、単なるご機嫌うかがいではあるまい。川添教授も「貿易に関する頼み事があったとみてもいい」と話す。いずれにしても、筥崎宮が政権中枢と深くつながっていたことは間違いない。

　交易によって急速に発展するこの町を、京の都からじっと見ている男がいた。

「博多の富で天下を治める」

平清盛だった。

平家と博多

福岡市の下川端町にある鏡天満宮の一角に、高さ一メートルほどの石碑が立っている。「袖湊《そでのみなと》」と刻まれ、説明板には「平清盛が築いた日宋貿易の玄関口だった」とある。

　いかにも雅な響きを持つこの言葉は、平安の終わりから歌にも詠まれた。

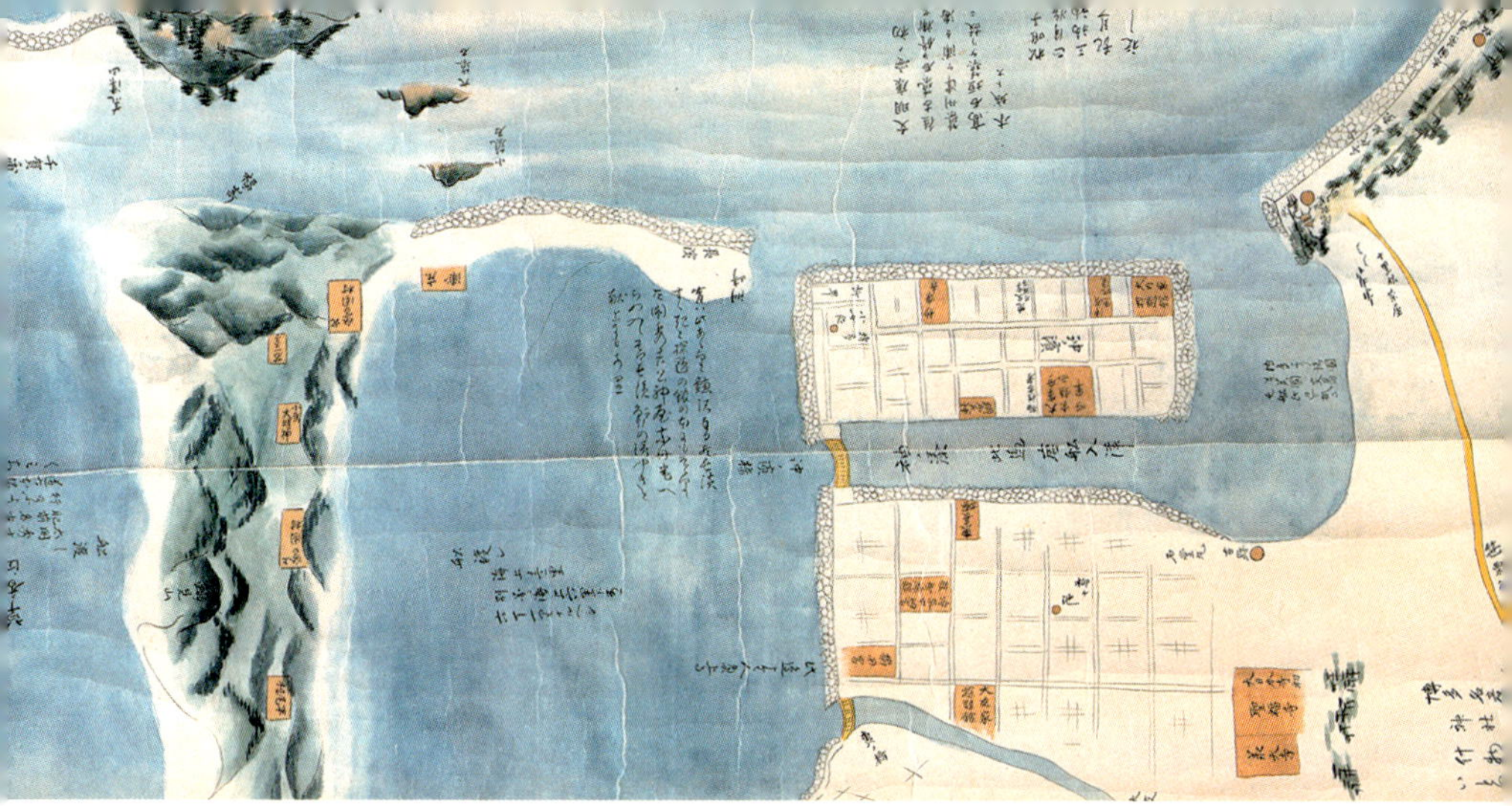

浪こゆる袖のみなとのうきまくら
　うきてそひとりねはなかれける
　　　　　　　　　　　　惟宗忠宗
泪そふ袖の湊をたよりにて
　月もうきぬの影やとしけり
　　　　　　　　　　　　津守國助

袖湊は、博多湾にせり出す袖のような形で築造された港だったという。しかし、福岡市教育委員会の発掘調査で、袖湊があったとされる場所から生活跡が出土、当時すでに陸地だったことが分かり、実在しなかったというのが通説になっている。

そうであったとしても、平家と博多の結びつきの深さは変わらない。

それは、清盛の父親の平忠盛にさかのぼる。

「博多は金の卵を産む鶏だ。大陸との貿易で大きな利益を得ることができる」

そう考えたのだろう。

長承二（一一三三）年、貿易品を積んで入港した宋船をめぐって事件が起きた。慣例に従って大宰府が管理しようとしたが、鳥羽院の荘園・神埼荘（佐賀県神埼郡）の管理者だった忠盛は、「船が着いたのは神埼荘領であるから、交易品はこちらで扱う」と横槍を入れた。忠盛は、大宰権帥に比べるとかなり格下だったが、院の威光を背に屈服させた。

その父親を遥かに超えるスケールで、清盛は、博多を中心に東アジアと日本を視野に入れた「海洋国家構想」の実現をめざす。

博多の総鎮守・櫛田神社は、天平宝字元（七五七）年の創建とされるが、実は平家が、神埼荘にあった櫛田宮の分社として建てたとも言われる。清盛の指示という確証はないが、院の権威を博多に持ち込み、自らの勢力拡大を図ったのだろう。

保元三（一一五八）年、清盛は大宰大弐に就任した。「無比の温職」（収入が多いこと）と言われるほどうま味のある役職で、京にいながら貿易を独占することができた。

宋－博多－福原（神戸）－京都を結ぶ交易ルートを確立し、唐物が生み出す巨利がこのルートに乗って転がり込んだ。八年後、大宰大弐に就任した弟の頼盛は、慣例を破り現地に赴任、平家の九州支配をより強固にした。

『平家物語』の巻三「金渡《かねわたし》」に、こんな話が出てくる。

隠居した清盛に代わって平家の頭領となった重盛は、唐人船長・妙典《みょうてん》を京に呼んで、「黄金五百両を与えるので、宋に渡って千両を育王山阿育王寺に、二千両を皇帝に献上してほしい」と頼んだ。

博多綱首と緊密な関係にあったことを示している。

平家が隆盛を極めたこの時期、米や絹などによる交換経済に代わって、輸入した宋銭を用いた貨幣経済が発達した。扱い量、額とも国内最大級だった博多の貿易が、それを加速させた。

清盛は、時代の流れを見抜き、天才的な経済センスと国際感覚によって、政治・経済を改革しようとした。それは平家の将来の繁栄をも意味するからだ。

「清盛は実に魅力のある人です」と話すのは、福岡市教育委員会文化財部鴻臚館跡調査担当の大庭康時主査だ。大胆な発想を持ち、平気で伝統的なものを破壊する、そこにひかれている。

しかし、「先が読めない人」とも言う。

宋船模型
（福岡市博物館蔵）

博多遺跡から出土した宋銭（福岡市埋蔵文化財センター蔵）

時代を見通しているようでも、実は肝腎のところが分かっていない。いつの時代にも改革者に敵対する守旧派がいて、その力を侮れば自らが滅びることを。

源氏に追い詰められた平家は、壇ノ浦（山口県下関市）で最後の戦いに挑む。皮肉にも、そこは清盛が開いたと伝えられる「門司湊《もじのみなと》」の目の前だった。

豪商の原形・謝国明

建保六（一二一八）年、博多の町で起きた事件が、やがて京の都を揺るがすことになる。

始まりは筥崎宮の宮司・行遍が中国人貿易商人の張光安を殺害したことだった。直接の動機ははっきりしないが、貿易の利権をめぐる対立が背景にあったとみられる。

張光安は、京都・比叡山延暦寺を本寺とする大宰府大山寺とつながっていた。加害者側の筥崎宮の本社は京都・石清水八幡宮だ。巨大企業の博多事業所長が、ライバル会社の幹部を殺害したようなものだ。

被害者側の大山寺は激怒、直ちに延暦寺に報告した。延暦寺は朝廷に対し、相手側の非道と処分を訴え出た。

「加害者側の石清水八幡宮のナンバーワン、宗清の身柄を引き渡せ。殺害現場の博多と筥崎宮を延暦寺の領地にせよ」

しかし、朝廷は実行犯の行遍らを投獄しただけで、そのほかは退けた。宗清については殺害との関わりがはっきりしない、筥崎宮については天皇の宗《そう》廟《びょう》であるから領地にできない、という理由だった。

延暦寺側は納得しない。みこしを担いで御所に押しかけ、警護の武士らともみ合いになる騒ぎまで起こす。

翌年、張光安とつながりがあった荘園・神埼荘も騒ぎに加わり、「博多と筥崎宮を神埼荘領にせよ」と訴えた。しかし、裁きは覆らなかった。

十五年後、今度はその復讐劇ともみられる事件が起きる。大山寺の義学が、円爾《えんに》（聖一国師）に危害を加えようとしたのだ。円爾は宋で修行を積んだ禅宗の高僧で、筥崎宮とも親しい関係にあった。原因は「禅宗の興隆をねたんで」とされるが、何らかの利害が絡んでいたと推測される。

狙われた円爾は謝国明《しゃこくめい》に助けを求める。謝国明は宋出身で、小呂島（福岡市西区）を貿易の基地にし、日本人女性を妻に持つ博多綱首。義侠の人でもあった。円爾を櫛田神社近くにあった自宅にかくまったという。

一連の騒動は、双方にとって貿易の利権がどれほど大きかったか、博多がいかに重要な位置にあったかを物語っている。

謝国明は、禅への信仰心も厚く、多くの足跡を残している。

謝国明肖像（福岡市博物館蔵）

JR博多駅近くにある承天寺は、謝国明の援助によって円爾が建立した。円爾の恩師である宋の無準師範の径山《きんざん》万寿寺《まんじゅじ》が火災に遭った時は、木材千枚を贈った。

その五年後に承天寺が焼失。謝国明はたった一日で、仏殿など十八の建物を再建させたと伝えられる。

それほどまでに禅に帰依していた理由は何か。

「故国を離れて暮らす綱首たちにとって、禅宗は心のよりどころだったのでしょう」と、大庭康時主査はみる。しかし、それだけではない。

禅という共通の文化を持つことが、宋とのつながりを強固にし、間違いなく貿易事業のうえでも大きな利益を生んだ。

若き日、東シナ海の波濤を越えて博多へやってきた謝国明。文化人であり、並外れた財力を持つ貿易商人だった。後に登場する博多の豪商たちの原形を

400年の歴史を持つ博多区上川端町の松屋菓子舗。店には１枚の看板が代々受け継がれている。金箔の文字，伸びやかな力強い筆遣いで「御饅頭所」と書いてある。
円爾は宋から博多に帰ってきた時，地元の茶店の主人・栗波吉右衛門に酒饅頭の製法を教えた。看板は円爾が書いた字を写し取って江戸時代に作られたものという。13代目にあたる松江國秀社長は，「円爾や謝国明は中国の新しい文化を日本に伝えた先駆者です」と思いを語る

みる思いがする。

飢饉になったある年の大晦日のこと、謝国明は、飢えた人々を承天寺の境内に集めて「そばがき」をふるまった。これが年越しそばの起源になったとも言われる。

弘安三（一二八〇）年、八十八歳で没したと伝えられる。墓は承天寺近くにある。墓のそばに植えられた楠が巨木になったことから、「大楠様」と呼ばれるようになった。毎年八月の命日には、遺徳をしのぶ「千灯明祭」が営まれている。

元寇で防塁特需

博多湾を取り囲むように築かれた長大な石垣「元寇防塁」。建設に、どれほどの人手と費用を要したか、記録はない。

現在、同規模の石積みを築造するとして試算してみた。沖縄県・今帰仁《なきじん》城《ぐすく》の石積み（高さ約四メートル）の修復工事を計算の基礎にした。城の場合、平均して一メートルの修復に延べ百二十人が従事している。費用はざっと二百万円になる。

防塁は、現在の福岡市西区の今津から東区香椎にかけての約二〇キロ。高さは約二・五メートル、底部の幅三メートル前後。建治二（一二七六）年三月に着工し、わずか半年の突貫工事で

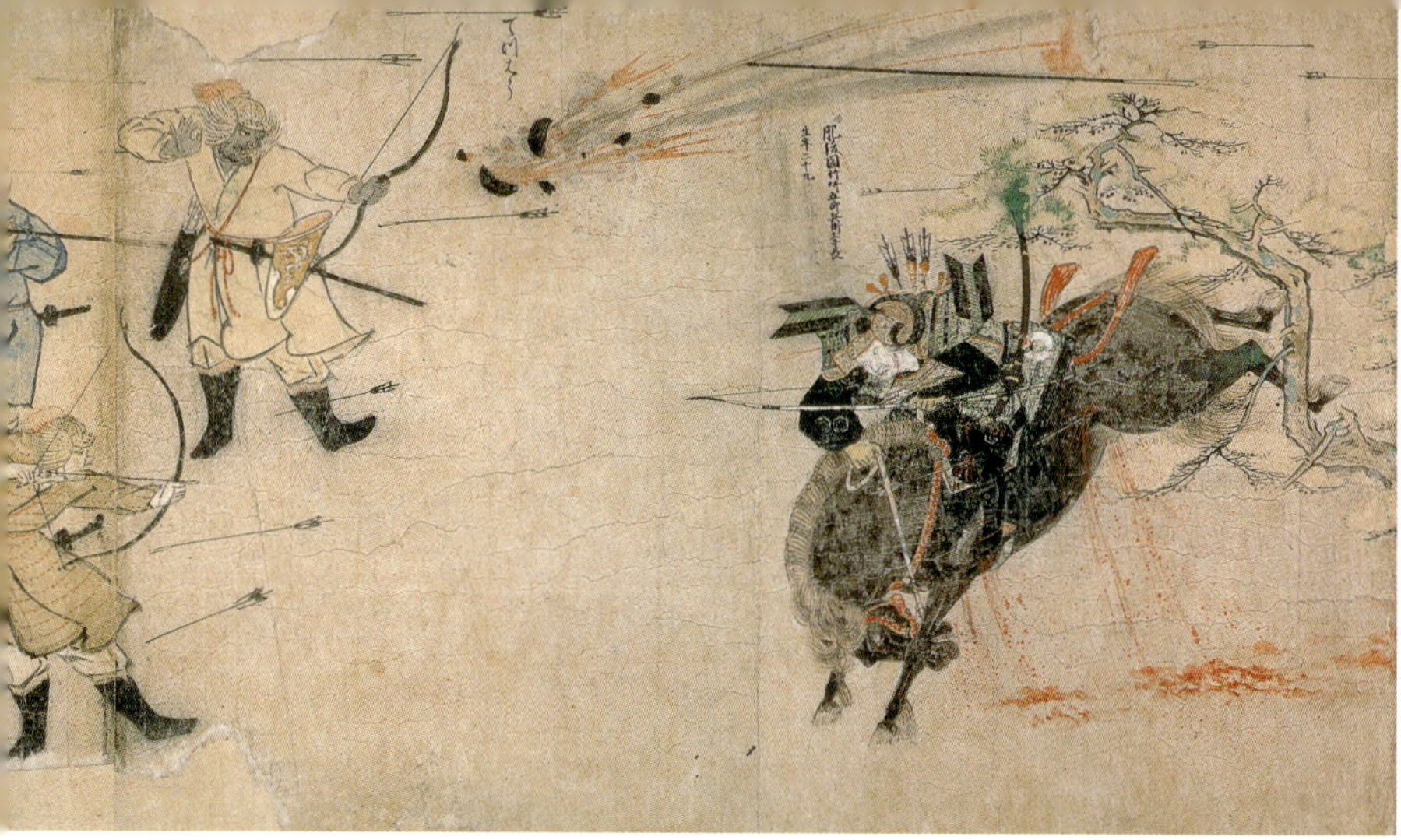

完成させた。

城の修復を単純計算で防塁工事にあてはめると、動員数は延べ二百四十万人、一日あたりで一万三千人余りが働かなくてはならない。

防塁がやや小型であることや、工法、材料の調達・運搬方法などの違いは無視したが、大庭康時主査に見てもらったところ、「それくらいの人が働いたとしても不自然ではない」という答えだった。ちなみに費用の総額を計算すると四百億円になった。

防塁を建設したのは、文永の役（一二七四年）の教訓だった。二万八千人の蒙古（モンゴル帝国）軍が博多に上陸し、集団戦法と鉄砲《てつはう》（火薬弾）、毒矢など最新の武器で襲いかかった。町は炎上した。

「再び蒙古が攻めてくれれば、日本は滅びる」

鎌倉幕府は、攻撃に備えて防塁を築くことにした。九州の九つの国の守護に工事を命じ、領地の広さに応じて区間を割り当てた。近くの山から石を切り出し、小舟に積み込んで海岸に運び、積み上げた。工事に関わる費用は、すべて守護が負担した。

博多の約三キロを担当したのは地元の筑前、筑後だった。同じように単純計算すれば一日約二千人が動員されたと推定できる。一四〇〇年代の博多には一万余戸があったと言われているから、いかに多くの人が従事したかが分かる。

弘安四（一二八一）年、蒙古は再び十四万人の軍勢を日本に送り込む。しかし、防塁に阻まれたうえ、暴風雨に遭遇、敗退した。

それでも幕府は警戒を緩めるわけにはいかない。雨や風によって崩れたら補修も必要だ。もちろん工事を担当した守護の責任になる。博多から遠ければ旅費もかさむ。筑前や筑後に金を支払って委託することもあった。警備の

文永・弘安の役を描いた「蒙古襲来絵詞」。弓，槍を持った蒙古兵に，肥後国の御家人・竹崎季長が馬を射られ苦戦している場面。上では鉄砲が爆発している（部分。宮内庁三の丸尚蔵館蔵）

ために多数の武士も滞在させなくてはならなかった。莫大な出費を強いられたことだろう。

一方で、これは博多の町にとっては大いにプラスに働いた。

通りに面した家の軒先には、魚や草履、生地などが賑やかに並べられている。工事や警戒のためにやってきた武士や他国の人々は、宋銭を手に忙しく買い物をした――そんな光景が想像できる。

防塁の補修と警備は、室町時代（一三九二―一五七三年）まで続いた。長期間にわたるこれらの経済波及効果は計り知れない。

日本と蒙古が敵対関係にあったころ、それでも博多の商人たちは商いに精を出し、交易は活発に続いた。皇帝フビライ・ハンでさえ、日本からの商船を歓迎し、日本の商人が持ってきた金と宋銭を交換することを許した。

福岡市教育委員会による発掘調査で最近、興味深い事実が分かってきた。元寇をはさむこの時期、博多の貿易に大きな転機が訪れていたことだ。

それまでの出土品には、凝ったデザインの壺や白磁の犬の人形など、何に使うのかよく分からないものも含まれていた。貿易品を選ぶのは主に中国商人たちで、日本人が何を欲しがっているかをあまり考慮せず、適当に持ってきていたのかもしれない。ところが元寇後は、お碗や皿、かめなどといった実用品が増えている。消費者ニーズを考慮した〝売れ筋〟商品だ。博多の商人たちが交易の主導権を握り、きめ細かな商売をするようになったとみていいのではないか。

さらに中国の窯元で作られ、そのままとめて梱包して運ばれたものも出土している。博多で陸揚げし、改めて個別の商品にして出荷するという、新しい産地直送システムができたとも推測される。

鎮西探題の近くから大量に出土した素焼きの器（福岡市埋蔵文化財センター蔵）

商業・政治・情報の町へ

男たちは素焼きの杯になみなみとつがれた酒を一気に飲み干し、その杯を地面にたたきつけた。割れて飛び散る音が士気を鼓舞した――。

博多の鎮西探題では連日のように、武士たちがこの儀式を繰り返したという。

福岡市教育委員会の発掘調査によって、素焼きの杯や皿が大量に見つかっている。コンテナケースで実に百十五箱、推定で二・三トンもあった。場所は、櫛田神社の東側約五〇メートル、万行寺の通りを隔てた向かい側付近だ。僧・良覚が書いた『博多日記』などの文献とも一致しており、この場所に探題があったことは、ほぼ確実とされている。

探題は元寇後、鎌倉幕府が鎮西（九州）の統治機関として設置した。蒙古の三度《みたび》の襲来に備え、迅速に対応できる軍事力を持つ組織が必要になったためだ。

さらに、当時の武士たちは所領を確保し、豊かにすることを何よりも優先していたために、所領をめぐるトラブルが各地で起きていた。それを最終的に裁くのは鎌倉幕府か朝廷しかなかった。しかし、訴えのために当事者双方が九州を離れるのは防衛上も問題がある。そのため地元で速やかに判決を下せる機関が必要になった。

幕府を率いる北条氏には別の狙いもあった。

「大宰府の影響力を排し、海外貿易で潤っていた博多を手中に収め、ここを足がかりにして九州を制圧する」

思惑通りに、ことは運んだ。

探題は、自衛隊と裁判所、それに国の出先機関を合わせたような強力な組織になった。九州の政治の中心は大宰府から博多に移ってきた。探題の長官は代々北条氏の一門が就任した。各地の御家人が交代で警護のためにやってきた。滞在期間は数か月に及んだ。食糧などいくらかは持参しただろうが、いずれ底をつく。大量の杯が捨てられたのは、それだけ酒を飲んだことの証でもある。

川添昭二教授は、「御家人たちは大勢の兵を率いて博多に来た。兵士の生活にもさまざまな経費が必要だったはず」と指摘する。町には、それだけ金が落ちた。

情報も集まった。博多は、商業に加え、政治、さらに情報の町としても機能することになった。

海底に沈んだ千金の夢

韓国全羅南道・木浦市の国立海洋遺物展示館を訪ねた。前日の雨が嘘のように晴れ上がり、海がコバルトブルーに輝いている。学芸研究士の郭儒晢さんと金益柱さんが、にこやかに迎えてくれた。

一階の広い展示室の中央に、ぼろぼろの木造船が横たわっている。全長二八・四メートル、幅六・六メートル。朽ちた竜骨や隔壁板が、焼け焦げたような褐色に染まっている。

木浦の沖に南北五〇キロにわたって散在する島々は、新安郡に属している。この多島海で、漁師の地引き網が中国青磁を引き寄せたのが発端となり、一九七五年から八四年にかけ、深さ二二メートルの海底から引き揚げられた。

船には大量の積み荷がそのままの形で残っていた。中に木簡があり、墨書から、船は一三二三年に慶元（現・寧波）を出港し博多に向かっていたこと、京都・東福寺が荷主に加わっていたことも分かった。

船は、六百五十年の時を超えて日元交易の規模の一端を現代に伝えるタイムカプセルだった。

「引き揚げられた部材だけで復元した。実物はもっと大きく、全長三四メートル、幅は一一メートルもある。船内は八つに区切られ、約二〇〇トンもの貨物を積み込むことができた」と郭さん。

船材には中国南部に自生する馬尾松が用いられていた。遣唐使船のような平らな船底ではなく、船底の中心となる竜骨を持つV字型で、船脚も速く、大量に積むことができる。

積み荷は宝の山だった。花瓶や壺、皿などの青磁が九千八百四十二点、白磁が四千九百二十六点、その他陶磁器が約二千五百点。そのころ日本で流通していた中国銭も八百万枚（銭）、重さにして二八トンとおびただしい量が積まれていた。香料用の木材（紫檀《したん》）が千本、胡椒《こしょう》などの香辛料、ガラス製品や硯《すずり》もあった。

金さんは、「紫檀には『大一』など日本人とみられる名前を彫ったものが

ある。香料は当時とても高価だったので、依頼主を明確にしておいたのでは」と話す。

「釣寂庵《きんじやくあん》」、「筥崎宮」と書かれた木札もあった。釣寂庵は承天寺の塔頭《たつちゆう》の一つだ。承天寺は東福寺の末寺であり、筥崎宮とも関係が深い。

東福寺は元応元（一三一九）年に火災に遭っている。同時期、建長寺船（一三二五年）、天竜寺船（一三四二年）など、寺社の造営資金を得る目的で貿易船を派遣した記録がある。沈没船は、東福寺再建の造営費を稼ぐ役目も負った貿易船だったと思われる。

天竜寺船は、室町幕府初代将軍・足利尊氏の弟で、幕府の実権を握っていた直義が、夢窓疎石《むそうそせき》の推挙により博多商人・至本を船頭にした。そして、「商売の好悪にかかわらず銭五千貫文を帰国後天竜寺に納める」との請文を出させている。つまり、実務を博多商人に任せ、商売の結果に関係なく、一定額を荷主がもらうという仕組みだった。

同じような方法で、新安沈船が派遣されていたとしよう。積まれていたのは八百万銭（八千貫文）だから、荷主の東福寺に仮に五千貫文を払ったとしても、三千貫文もの利益を得る。労働者の賃金をもとに換算すると、現在の金額で約四十億円を手にすることができる。加えて青磁や香料を売った利益はすべて転がり込む。

まさに一攫千金の商いだった。命を危険にさらしながらの……。

船はなぜ沈没したのだろう。

「途中で台風に遭ってマストが折れ、漂流中に岩礁にぶつかったのではないでしょうか」と、郭さんは船首を指さした。そこには何かにぶつかって削ぎ落とされたような跡があった。

船には日用品である日本製の漆器や鏡、げた、それにサイコロや将棋の駒もあった。長い危険な船旅をささやかに慰めていたのだろう。

展示館を出た。商人たちの夢を沈めた多島海は夕陽に染められ、空も海も黄金色に輝いていた。

海商から海賊へ

十三世紀から朝鮮半島、中国の海岸を荒らし回り、人々を震え上がらせた倭寇。

引き揚げられた木材で復元された船体は，当時の貿易のスケールの大きさをうかがわせる（韓国・木浦市の国立海洋遺物展示館）

日本の史料は極めて少ないが、朝鮮、中国に残る記録でその姿を知ることができる。朝鮮の史書には、「三島の倭寇がわが国を患わせた」と記されている。三島のうち、二つは長崎県の壱岐、対馬、もう一つは、松浦地方という見方が有力だが、博多を指すという説もある。

船団は二、三艘から五十、二百艘、時には五百艘に計五千人が乗ったこともあった。一三五〇年ごろから活動が激しくなり、記録ではっきりしているだけでも、ピークの一三七四年からの十年間、襲撃が十回を下回る年はない。最も激しかった一三七七年は五十四回に達した。

行動範囲は広い。海沿いから内陸深くまで侵攻、朝鮮では、高麗の首都・開京（現・開城、ソウルの北西約五〇キロ）付近にまで北上した。

日本は文永の役（一二七四年）で、蒙古軍に散々な目に遭わされた。それから百年も経っていない。外国に脅威を与えるような集団が、なぜ突如として出現したのだろう。

いくつかの要因が考えられている。

まず、対馬、壱岐の厳しい自然環境だ。自給自足が困難で、生活物資は島外で調達するほかない。もともと航海術、操船術にはたけている。日本海や東シナ海は庭のようなものだ。

初めは正当な商取引や物々交換だったのだろうが、やがて強引に売りつけたり、強奪したりするようになった。身を守るための武装が脅しや攻撃の道具になり、海商は海賊に変身した。

人間も商品にした。大陸で捕まえた男たちを労働力として日本で売った。元手も要らず、利益も大きかったようだ。

元寇の影響も見逃せない。蒙古と戦いながら、恩賞をもらえなかった武士たちの一部が海外で富を得ようとした。日本人だけではない。朝鮮半島では、蒙古の侵攻によって貧窮した民衆が大規模な騎馬隊を組織した。国境、民族を越えた国際的な武装集団になった。

高麗や明が海禁（鎖国）政策をとり、日本も南北朝の争いによって権力が弱体化していたことも拍車をかけた。

太陽の黒点が倭寇出現の誘因というユニークな説を紹介しておこう。黒点活動の変化によって、天候不順となり凶作が続いた。離島では食糧難が一層深刻になり、海外に出るほかなかったという。

倭寇と博多はどう関わったのだろうか。

川添昭二教授は、「明確な史料はないが、博多は略奪物資や捕虜の集散地としても機能していたのではないか」と考えている。

今川了俊《りょうしゅん》は、文武に秀でた武将だった。建徳二・応安四（一三七一）－応永二（一三九五）年、九州探題として博多に赴任。連行された捕虜を憐れみ、毎年数百人単位で帰国させたという。博多がいかに大きな〝捕虜市場〟だったかが分かる話ではある。

筥崎宮境内にある「唐船塔《とうせんとう》」は、筥崎宮を舞台にした謡曲「唐船」にうたわれている。

その物語は――。

倭寇によって日本に連行された中国人の祖慶は、筥崎宮の大宮司箱崎殿に仕え、地元の女性と結婚し二人の子も

もうけた。中国に残してきた息子が父恋しさに日本へ来て見つけだす。多額の金品を払い、二人の子とともに帰国が許された。しかし、妻は日本に残ることになり、母子、夫婦には悲しい別れが……。

息子は石塔を携えていた。もし祖慶が亡くなっていたら、それを建てて慰霊するつもりだった。唐船塔として今に伝えられているのは、その石塔である。妻との別れを惜しんだという「夫婦石」が、塔に寄り添うように並んでいる。

一三九二年、高麗王朝に代わって朝鮮王朝が成立。海禁政策を改め、貿易を認めるようになった。これ以降、襲撃は急速に収まってゆく。

奇《く》しくも、朝鮮王朝成立と同じ年、日本では南北朝が統一された。こののち、博多の商人たちが本格的に活躍する時代がやってくる。

16世紀前半の中国・明の画家・仇英（きゅうえい）筆と言われる「倭寇図巻」。
後期倭寇が上陸する様子が描かれている（部分。東京大学史料編纂所蔵）

銀色の水面が広がる浅茅湾。真珠貝の養殖いかだが浮かび，ボートが静かに曲線を描く（長崎県・対馬）

黄金の夢

勘合貿易と博多商人

中世の博多に、多くの漢詩に詠まれた建物があった。妙楽寺の「呑碧楼《どんぺきろう》」だ。

石城高く倚《よ》る翠雲端
呑碧の層楼宇宙寛《ひろ》し
地九州を縮めて五嶋に連なり
水百済に通じて三韓を極む

石城（博多）の空に雲が浮かび、青空を呑み込むような巨大な楼閣がそびえている。海は遙か朝鮮半島に続いている……。

その大きさ、前面に広がる眺望の美しさとともに、国際貿易都市・博多の繁栄を、明の使節で、博多に滞在した僧・仲猷祖闡はそう詠んだ。

「呑碧楼」は貞和二（一三四六）年、寺の創建とともに開祖・月堂の隠居所として建てられた。

寺は現在の古門戸《こもんど》町、当時は博多湾に面した息浜《おきのはま》と呼ばれるあたりにあった。中国へ向かう「勘合船」は、兵庫を出て中国に向かう途中、博多の港に停泊した。寺は準備を整えたり、季節風を待ったりするために滞在する使節の宿泊所でもあった。

明は海禁（鎖国）政策をとっていた。将軍・足利義満は交易を求めたが、拒否された。博多商人・肥富《こいずみ》は義満の命で特使として明と交渉し、日明関係を成立させた。これにより、応永十一（一四〇四）年、勘合符を持った船だけに許される貿易が始まることになった。

肥富がどのような商人であったかは明らかではないが、早くから日本と明との往来の利を説いていたようで、義満の信頼を得ていた。

数隻で船団を組み、貢ぎ物を持って

遣明船模型
（広島県立歴史博物館蔵）

いく。貿易品とは別に、明からはお礼の品も贈られた。

勘合船には「客商」も乗った。自分で貿易品を仕入れ、船主に代価を払い、積み荷もいっしょに運んで商いをした。

博多商人も客商になった。応仁二（一四六八）年の勘合船の記録には、奥堂右馬大夫や綱庭《つなば》太郎右衛門、澳《おきの》浜《はま》新左衛門の名がある。

現在、昭和通り沿いに「綱場」、博多湾に近いところに「沖浜（息浜）」が、近くのバス停に「奥の堂」の名が残る。このあたりに住んでいた彼らは、その地名を姓としたのだろう。

奥堂は、筥崎宮に属する油座神人《じにん》で、油を精製・販売する独占権を持っていた。屋敷の広さが一町（約一〇九メートル）四方だったというから、かなりの豪商だったと考えられる。

勘合船が出るのは、数年に一度、あるいは十年に一度だった。客商に加わるには、相当の資金力が必要だ。日ごろはそれぞれの商売などで稼いでいたのだろう。

勘合貿易は、数少ない大きなビジネスチャンスだった。

貿易はどれほどの利益をもたらしたか。

主力商品は生糸で、明で買い付けた生糸が日本では二十倍になった。日本の銅は、明では四、五倍。銅銭も輸入、刀や剣、硫黄などを輸出した。

応永十四年に帰国した遣明船の利益は二十万貫に上ったとされる。一貫文が現在の十万円にあたるとして、二百億円にも達する。

明は勘合船以外の交易は許さなかった。

しかし、倭寇の時代から自由な貿易を求めていた博多商人が、これに甘んじていただろうか。

自らの船を持っていたし、航海術には長じている。交易のノウハウも知っている。武野要子教授は、「この時代でも、密貿易をしていた可能性がある」とみている。

妙楽寺は、度重なる火災に遭い、現在は御供所《ごくしょ》町（博多区）に移っている。本堂には先代の住職が作らせた「呑碧」の額が掛けてある。周囲にはマンションが立ち並び、空を小さくしている。博多湾は見えない。

朝鮮貿易拡大への端緒

応永二十六（一四一九）年夏、いわゆる「応永の外寇」が起こった。舞台になったのは、対馬・美津島町尾崎地区。浅茅《あそう》湾の出入口あたりに位置し、中世、朝鮮と九州を結ぶ海路の要衝だった地である。

『李朝実録』によると、朝鮮軍は、船二百二十七隻、兵一万七千二百八十五人で襲いかかった。民家千九百三十九戸を焼き払い、百十四人を斬首に、二十一人を捕虜にした。尾崎地区は壊滅的な打撃を受けた。

　全く予期せぬ攻撃だった。水平線に続々と現れる船団を見て、自分たちの船が帰ってきたと喜び、ごちそうを用意して待っていたという話すら残っている。

　応永の外寇は、倭寇の根拠地に打撃を与えることが目的だった。取り締まりに熱心だった島主・宗貞茂《さだしげ》が死去したために再び横行し、朝鮮沿岸で被害が激増していた。倭寇は浅茅湾一帯を根拠地としていたとみられ、首領の早《はや》田《た》氏もそこにいた。

　「対馬を襲ったのは、明と朝鮮の連合軍」という誤った情報が伝わったこともあって、室町幕府は、元寇の再来では、と恐れた。真相を究明するために、博多商人・平方吉久《ひらかたよしひさ》と妙楽寺の住職・無涯亮倪《むがいりょうげい》を朝鮮へ派遣した。

　平方は祖父の代に中国から移り住んだ実力者。海外の実情に明るく、交渉役として適任だったのだろう。

　朝鮮は幕府に対馬攻撃の理由を説明するために、応永の外寇の翌年、宋希《そうき》璟《けい》を使節として平方らに同行させた。

　一行は都に向かう途中、博多に立ち寄った。滞在中のある夜、一行のために前九州探題の渋川満頼《みつより》は、酒二十桶と魚などを届けた。翌晩には、満頼の子で九州探題の義俊《よしとし》が酒十五桶を届けている。

　宋希璟は都にのぼり、幕府の誤解を解いた。任務を果たしての帰りにも、博多で歓待されている。

　博多商人が和平交渉の主役を務め、渋川氏らが朝鮮の使節を歓待したことは、対馬に代わって朝鮮貿易に進出するうえで大きなチャンスになったのだろう。

　これを境に朝鮮との交易回数が増えている。外寇前まで、渋川氏と朝鮮との交易は年に一、二度だったが、宋希璟が来日した応永二十七年には四回、翌年には六回、さらにその翌年には八回を数えている。

　朝鮮は、九州からの渡航者を統制するため、九州探題の書信を要求した。これに応じて、交易の名義人を渋川氏としたものの、実務を担ったのは、もちろん商人である。

　話は前後するが、平方の祖父・陳延祐は元の高官だった。元の滅亡後、「二国に仕えるのは恥」と博多に移り住み、元での役職名「外郎《ういろう》」を姓にした。有能な人だったらしく、足利義満がブレーンに迎えようとしたほどだ。

　その息子、つまり平方の父・陳外郎宗奇は、明に渡って医学を修め、「透《とう》頂香《ちんこう》」の製法を学んで京にのぼった。透頂香は気付け、胃腸病に効能があるとして珍重された。その後、子孫は小田原（神奈川県）へ移り、一般にも販売するようになり、外郎と呼ばれた。

　当主は代々、外郎藤右衛門を名乗る。現在は二十四代目。当時の製法のままで「透頂香　ういらう」を作っている。

京都市・真正極楽寺の本堂で年に１度行われる「宝物虫払会（むしはらいえ）」。穏やかな風が吹き抜ける本堂には,「真如堂縁起絵巻」の写本も並べられていた。室町時代の遣明船に乗った僧侶（写真左下）や烏帽子の男たちが描かれている

少量しか製造できず、販売は一人一袋に限っている。

もっとも今は、お菓子の「ういらう」の方が有名だ。これも宗奇が外国使節を接待するために自ら考案した。

妙楽寺には、「ういろう伝来之地」の碑がある。

博多商人の魁・宗金

十五世紀の博多に、一人の男が彗星のように登場する。

その名は、宗金《そうきん》。

貿易で巨富を蓄え、外交にも非凡な手腕を発揮し、海外に名を響かせる。国際的な貿易商であり、博多商人として史実に現れる最初の人物である。

日本人だが、国内に記録はほとんど残っていない。しかし『李朝実録』をはじめ、『老松堂日本行録《ろうしょうどうにほんこうろく》』（宋希璟、一四二〇年）、『海東諸国紀《かいとうしょこくき》』（申叔《しんしゅく》舟《しゅう》、一四七一年）など朝鮮の史料から

その活躍ぶりを知ることができる。

応永の外寇の際は、九州探題の命でいち早く幕府に事件を知らせた。外寇の真意を探らせる特使として無涯亮倪らを朝鮮に派遣したのも、宗金が将軍・足利義持と親しい陳外郎宗奇と相談した結果であった。

そして、宋希璟に付き添って、将軍に引き合わせた。

当時、朝鮮は、自国との貿易を許した相手に名前を刻んだ銅製の印「図《と》書《しょ》」を与えた。この印を受け取った者を「受図書人《じゅとしょにん》」と言い、九州探題・渋川氏や、その家臣で石城管事の平満景《みつかげ》も受図書人だった。博多商人たちは、彼らの使いというかたちで貿易に携わった。

応永三十二（一四二五）年、渋川義俊が少弐満貞《しょうにみつさだ》と菊池兼朝《かねとも》から攻められて敗れるや、宗金は直ちに朝鮮に「図書」を願い出、与えられた。商人として独立して貿易する権利を得たのだ。

右：「吉見」と刻まれた図書（複製。写真提供：佐賀県立名護屋城博物館）
次頁：かつては海賊が横行した瀬戸内海の下蒲刈島（手前）。安芸灘大橋の開通で，陸路による往来が可能になった

翌年から宗金は、平満景と同じ石城管事を名乗って貿易をしている。渋川氏と同じように、満景もやがては力を失っていくと読んだのか。満景と同じ肩書を持てば貿易が行いやすくなると計算したのか。いずれにしても、時勢を見極める目と行動力は卓越している。

外寇から九年後の正長元（一四二八）年、今度は、対馬の早田左衛門太郎らと組んで、朝鮮で銅二万八千斤（一六・八トン）を綿紬《めんつむぎ》二千八百疋（五千六百反）と交換した。

早田は倭寇の首領。その男と組んでの貿易である。宗金の強い自信と、したたかな商魂がうかがえる。

宗金の名前は、意外なところにも登場する。京都の公卿で、権中納言も務めた山科教言《やましなのりとき》の日記『教言卿記《のりとききょうき》』である。円福寺の僧「宗金」として、たびたび現れる。

この人物が博多の宗金と同一人とは断定できない。ただ、円福寺は大応派

の寺だった可能性が高く、博多にある大応派の寺は妙楽寺である。すると、その第十二代住職・無涯亮倪と結びつく。

『教言卿記』の応永十四年八月十九日の項には、「宗金僧来、小風呂・同釜一事三貫治定云々」と、山科家に風呂釜を斡旋するという、商人らしい場面もある。

その四日後、「風呂料足三貫内、且一貫文宗金僧方渡也」と、風呂釜の代金の支払いと一貫文を、宗金に渡したことを書き留めている。

教言は足利将軍家とも親しく、日記には、義満の消息を伝える記述も多い。

宗金は幕府との強力なパイプを京都で作り、山科家を介しながら自身の才覚で強力な人脈を築き上げていったのではないかと想像できる。

また宗金は、『海東諸国紀』に「石城府代官」と書かれている。「代官」は、町を治める大友氏の役職とも考えられている。とすれば、宗金は大商人であり、博多の町のリーダーだったことになる。

宗金と海賊

宗金はさまざまな〝顔〟を持っていた。

長沼賢海・九州大学名誉教授は、『日本の海賊』に、「博多の豪商、又の名大海賊」と書いている。

本当だろうか。

その謎を追って、かつて海賊が出没した瀬戸内海の下蒲刈島《しもかまがりしま》に向かった。

広島港から高速船に乗り、平清盛が開いたという「音戸《おんど》の瀬戸」のアーチ橋をくぐる。上蒲刈島で車に乗り換えて、蒲刈大橋（全長四八〇メートル）

大坂から長崎までの海路が描かれた「西海筋海路図屛風」。北部九州から瀬戸内海の海路や港町，島々が詳細に描かれ，南蛮航路，朝鮮航路などの表記もある（江戸時代。堺市博物館蔵）

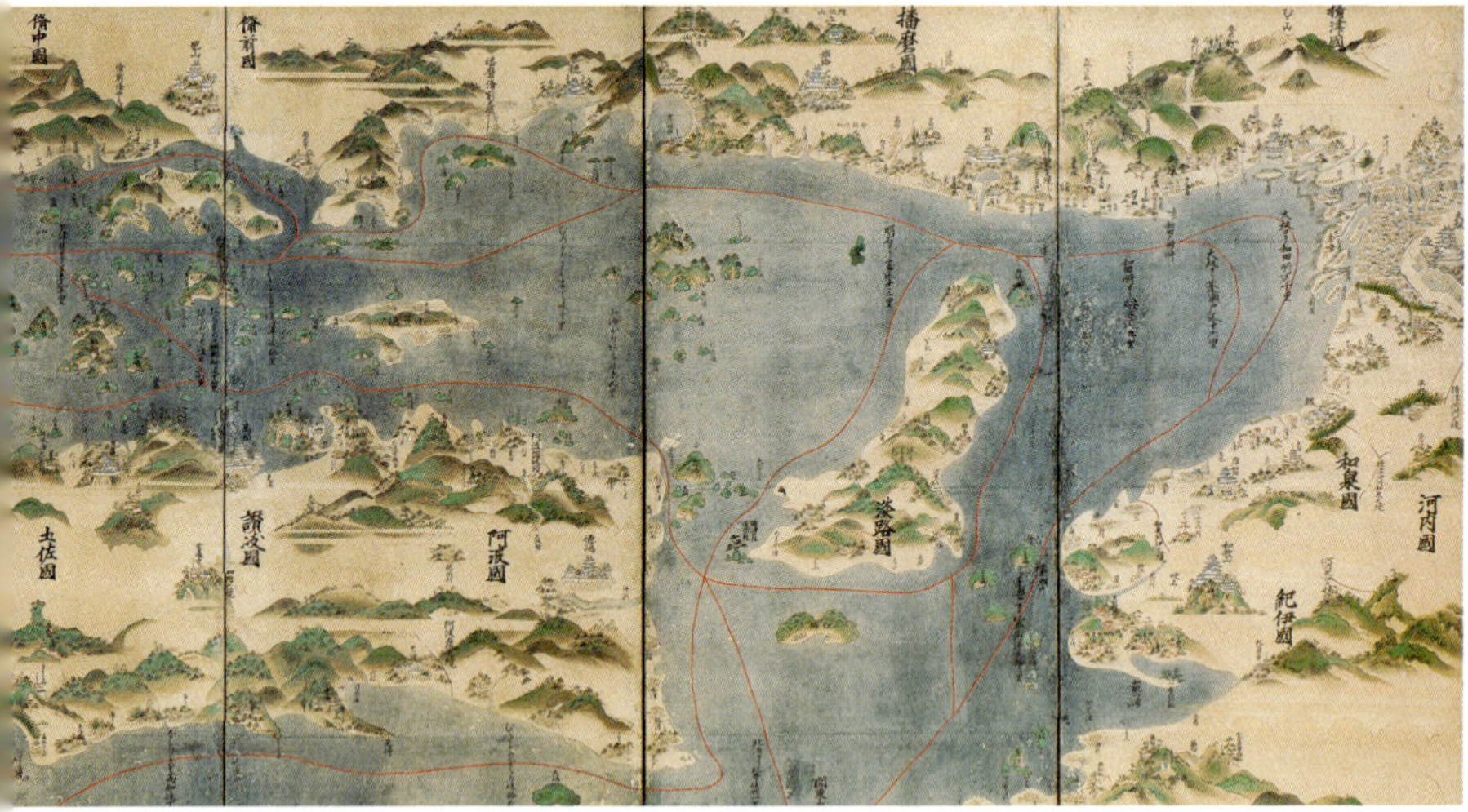

を渡った。海岸沿いに設けられた遊歩道の入り口に、宋希璟の詩を刻んだ石碑があった。

海山の回る處《ところ》に懸崖有りて
板屋の柴扉は海に向いて開く
船上に看るを求めて還た路を指し
又言う家裡に茶を喫《の》みに来れと

島や家屋の様子、島民からお茶に誘われたことなどを詠んでいる。

遊歩道の背後に軒を連ねる家屋が「海に向いて開く」というイメージと重なる。

地元の郷土史家・柴村敬次郎さんによると、このあたりは深い入り江があり、隠れるのにも、狙う船を見つけるのにも格好の地形、警固衆《けごしゅう》とも呼ばれる海賊が、航行する船から通行料を取り、それに逆らえば強奪したという。

宋希璟は『老松堂日本行録』に次のように書いている。

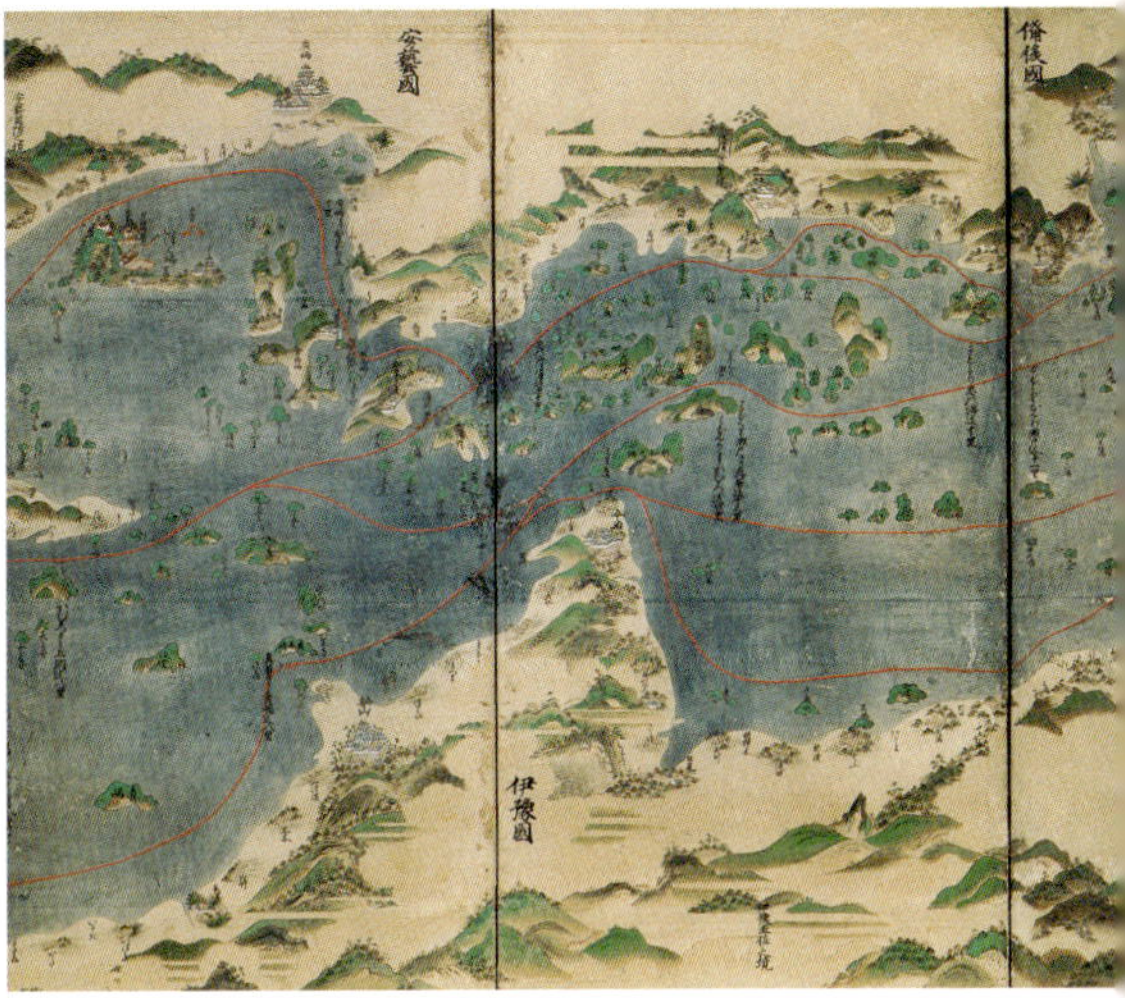

京に向かう船上で、朝鮮使節が海賊に襲われた話を聞かされ、非常な恐怖を抱いた。京からの帰途、蒲刈島に来た時、日が暮れ、海賊の家が見えるところに船を止めた。みな脅えていたが、同行していた宋金の船から男が小舟で近づき、自分が来たので安心してよい、と言う。

宗金は七貫文を支払って東の海賊を乗せたのだ。

ここには、東と西に海賊がいたが、「東から来た船に東の海賊を乗せていれば、西の海賊は襲わない。西からの船に西の海賊を乗せていれば、東の海賊は襲わない」という〝ルール〟を宗金が熟知していたからだ。

一行は安心して島に停泊し、島民らとのつかの間の交流を楽しむことができた。

海賊同士のしきたりにまで通じていた宗金を、長沼教授は「大親分のごとくに群賊を操縦していたように見える」とも書いている。

ではなぜ、瀬戸内海航路に詳しかったのだろう。佐伯弘次・九州大学大学院助教授（日本中世史）の指摘がヒントになる。

宗金は博多と畿内を結ぶ回船商人ではないか、というのだ。であれば航路に詳しいのは当然だ。宋希璟と京に向かう時、別の船に乗っていたが、宗金

の船は貿易品を満載していたからとも考えられる。

一方で、宗金は朝鮮との友好にも心を砕いた。

朝鮮使節の世話をしただけでなく、倭寇によって連行された多くの人々を故国に送り返した。

一四二八年に朝鮮は、将軍・義持の弔問と、新将軍就任を祝うために使節を送ろうとした。宗金は「気候が悪く波風も穏やかではないので春まで待った方がよい」と伝えた。同時に「北部九州では大友、大内氏の勢力が卓越している。二氏に使いを送れ」と勧めてもいる。倭寇の再発を警戒する朝鮮にとって、北部九州の権力者に関する情報は極めて重要だった。

一時的に中断されていた日明貿易の再開にもひと役買った。六代将軍・義教の使者として朝鮮に渡り、明への仲立ちを依頼している。一四三二年に再開された時、宗金は明に渡り、帝から贈り物をもらった。

一四五〇年、朝鮮の文宗が即位すると、すぐさま祝いに駆けつけ、仏教の聖典を集成した「大蔵経《だいぞうきょう》」三千八百巻を与えられている。「大蔵経」は当時、人々の垂涎《すいぜん》の的。一商人に対する遇し方としては破格と言ってよい。

国際貿易都市・博多を舞台に、京の都から朝鮮、明まで縦横に駆けた輝くような生涯は、享徳三（一四五四）年、その幕を閉じた。享年は分からない。

琉球を介し貿易圏を拡大

勘合貿易によって貿易が制限されていた期間の博多商人の活動をうかがわせるものが、息浜から出土している。タイやベトナム製の陶磁器や琉球の尚《しょう》円《えん》王の代に鋳造された銅銭「金円世《きんえんせ》宝《ほう》」である。

「琉球貿易図屛風」。中央の船の旗には「帰国」と書かれており，貿易を終え中国から帰ってきた船を祝う那覇港の様子が描かれている（19世紀ごろ。滋賀大学経済学部附属史料館蔵）

琉球と博多の関係について真栄平《まえひら》房昭・神戸女学院大学教授（近世対外関係史）はこう指摘する。

「東南アジアの国々は民間貿易を好まなかったので、博多商人は直接これらの国々と貿易をすることができなかった。だから琉球を介して間接的に貿易を行った」

一四二九年に三つの勢力が統一されて成立した琉球は、琉球と東南アジア各国を結ぶ「南海ネットワーク」の基地の役割を担った。明から入ってくる陶磁器は日本や東南アジアへ運ばれた。東南アジアの胡椒や染料の蘇木《そぼく》は、日本や朝鮮、明へ、日本の刀剣、金銀は、明へ送られた。

明と交流があった琉球との交易は、間接的な日明貿易を意味した。

那覇の港は、シャム（現・タイ）や安南（ベトナム）、マラッカ（マレーシア）、そして日本、朝鮮、明との間を行き交う船で賑わっただろう。

博多は琉球と連携することで、南海ネットワーク全体に貿易圏を広げることができた。

『李朝実録』には、博多商人・道安が登場する。

琉球国王の代理という肩書で、享徳二（一四五三）年から三回、琉球に漂着した人々を自ら朝鮮に送り届けている。二年後、公式に貿易が許される受図書人になった。これらの功績によるものだろう。

明との交易品を積み込んだ琉球船が瀬戸内海を通って京との間を行き来することもあっただろう。

少し物騒な話がある。

応永の外寇の翌年、宋希璟は宗金とともに京にのぼった。帰途、瀬戸内海の下蒲刈島で、「琉球船を襲う」という海賊たちの会話を耳にしている。

実際に襲撃されたかどうかは不明だが、ちょうど同じころ、琉球船がこの海域を通ったと思わせる記録もある。

右：第２尚氏の歴代国王が葬られる玉陵（たまうどぅん）。扉を開けると琉球王朝の栄華がよみがえる。平成12年，世界遺産に登録された（沖縄県那覇市金城町）
左：万国津梁の鐘（沖縄県立博物館蔵）

南海ネットワークは十六世紀半ばまで機能した。琉球の名は欧州にまで届いた。ポルトガルのトメ・ピレスは『東方諸国記』にレキオ（琉球）について書いている。

「シナ人やその他のすべての国民はレキオ人について語る。かれらは正直な人間で、奴隷を買わないし、たとえ全世界とひきかえでも自分たちの同胞を売るようなことはしない」

かつて首里城の正殿にあった「万国《ばんこく》津梁《しんりょう》の鐘」（一四五八年鋳造）には、その誇りと気概が刻まれている。

琉球国者南海勝地而
鍾三韓之秀以大明為
輔車以日域為脣歯在
此二中間湧出之蓬萊
嶋也以舟楫為万国之
津梁異産至宝充満十方刹……

（琉球は、朝鮮の文化を集め、明と助け合い、日本とは唇と歯のように近い間柄だ。万国の懸け橋であり、異国の産物や宝物があふれている……）

鐘は沖縄県立博物館に保存されている。

平成十二（二〇〇〇）年、九州・沖縄サミットの会場は、公募によって、「万国津梁館」と名付けられた。

富と覇権を争う舞台に

この当時の博多はどのような様子だったのだろうか。

文明十二（一四八〇）年、不世出の連歌師と言われる飯尾宗祇《そうぎ》が博多を訪れ、龍宮寺に滞在している。

旅の折々に宗祇がつづった『筑紫《つくし》道《みち》記《のき》』には、ここからの眺めが描かれている。

「沖には大船おほくかゝれり。もろこし人もや乗けんと見ゆ。左には夫となき山どもかさなり、右は箱崎の松原遠くつらなり、仏閣僧坊数もしらず。人民の上下門をならべ軒をあらそひて、その境四方に広し」

大型の船が往来し、貿易で賑わう港町には、多くの寺があり、家が立ち並んで繁栄しているというのだ。

四十五代目にあたる岡村龍生住職が、「あまり史料が残っていないのですが……」と、「博多百韻」の写本を見せてくれた。原本は江戸時代に火災で焼けてしまったという。

連歌百韻は宗祇が龍宮寺で催し、六代住職の空吟ら十一人で詠んだ。

和紙の表紙には「博多百韻　文明十二年九月廿八日　於龍宮寺　宗祇法師」とある。

宗祇の発句は、

　秋更ぬ松のはかたの沖津風

空吟は、

　霧にしぐる、波の寒けさ

と続けている。

『海東諸国紀』にも、当時の博多の様子が書かれている。

「琉球・南蛮の商船所集の地なり
我が国に往来する者は九州中に於て
博多最も多し」

宗金をはじめとする博多商人たちは、幕府の中枢に人脈を広げ、外交までリードした。それを可能にしたのが、貿易によって生み出される巨大な富だった。

この町を制する者が富を支配する――。

博多の争奪戦は、周防（山口県）の大内氏、豊後（大分県）の大友氏、それに大宰府の少弐氏が加わり、三つどもえになった。

大友氏は、永享元（一四二九）年に朝鮮に使いを送り、博多を支配していることを告げている。宗金をはじめ、多くの商人が大友氏の保護のもとで貿易を行った。

当時、博多には一万余戸があったと言われた（『海東諸国紀』）。東北側、港がある息浜あたりの六千余戸を大友氏が治めた。対する少弐氏は、西南側の聖福寺や承天寺周辺の内陸部、四千戸余を支配した。

大内氏は中国地方に地盤を持つ有力な守護。九州に勢力を広げる野望を抱き続け、文明十年、ついに大内政弘は少弐氏を追放し、筑前、豊前までを勢力下に置いた。

飯尾宗祇を招いたのが、大内政弘で、少弐氏追放の二年後。念願の博多を手中にし、得意満面の時だっただろう。

その後、十六世紀半ばに大内氏が滅亡するまで、大内・大友両氏による二元支配が続いた。しかし、大内氏の博多支配は必ずしも順調ではなかったようだ。その理由の一つに、博多商人が大内氏に協力しなかったから、という説がある。

武野要子教授は、「商人たちは博多争奪戦の中でも、着実に貿易を行い、蓄財を続けた。支配者が代わっても、実はしっかり握っていた」とみる。

「商人の方が一枚上手ですよ」

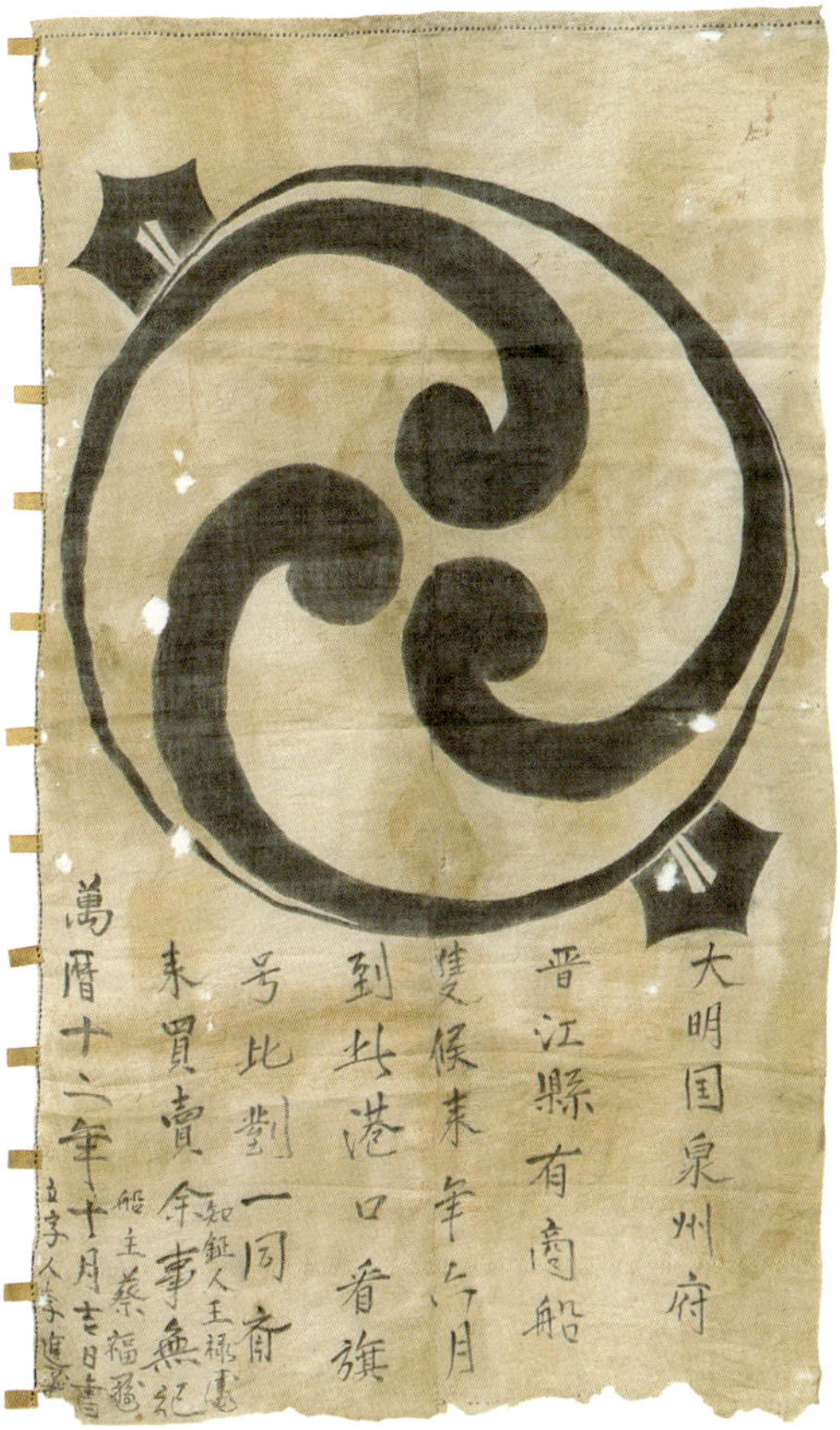

大内氏の日明貿易船旗（複製。写真提供：広島県立歴史博物館）

朝鮮と対馬、そして博多

朝鮮は一四二六年以降、対馬の島主である宗氏が発行する「文引《ぶんいん》」（渡航許可証）を持った者にだけ貿易を許した。それを発行したのは梅林寺（美津島町）だった。港は文引を求める多くの船で賑わった。

宗金ら有力商人も直接貿易を認められてはいたが、基本的には宗氏の統制下で貿易をするかたちだった。

夜が更けると，静寂の海に，いさり火が光の筋を伸ばす（長崎県・対馬）

対馬にとって朝鮮との交易は、生活のための欠かせない手段であった。「やせた土地で民は貧しく、漁業で生計を立てていた。朝鮮から米をつかわしていた」（『海東諸国紀』）。塩を作り、魚を取り、朝鮮に渡って食糧の米を得た。

朝鮮は、来航する人々に食糧や衣料を渡した。貿易に従事する者に、土地や官職を与えることもあった。対馬を厚遇したのは、朝鮮に脅威を与える倭寇を防ぎ、平和的に交流したい、という狙いもあった。

朝鮮に長く滞在する人々も現れた。十五世紀初めには、居住を富山浦《ふざんぽ》（現・釜山市）、薺浦《せいほ》（乃而浦《ないじほ》、現・鎮海市）に制限したが、その後、塩浦《えんぽ》（現・蔚山市）も加わった。これら三つの港は「三浦《さんぽ》」と呼ばれ、それぞれ交易の場として、「倭館」が設けられた。

三浦に住む日本人は、一四六六年には千六百五十人、約十年後には二千二

百人余、十五世紀末には三千百人に増えた。

　宗氏は商人たちの頂点に立ち、朝鮮から与えられた特権をフルに活かしていた。それは、博多との関係を深めることでもあった。輸出品を調達したり、輸入した大量の品物を売りさばくのに、日本最大の貿易都市・博多は最も適していたからだ。

　博多と対馬の交流の背景には、鎌倉時代、筑前守護を務めていた少弐氏と宗氏が主従の関係だったこともある。当時、博多の内陸部を支配していた少弐氏は対馬の守護でもあった。貿易でつながっていたこともあり、博多と対馬、朝鮮との間では、人や物が頻繁に往来した。

　『李朝実録』に、僧・雪明についての記述がある。十四歳の時に、博多に来た対馬の人から「朝鮮に住めば衣類や食糧を支給され、爵位ももらえる」と聞き、薺浦に渡った。ところが、奴隷として売り飛ばされてしまった。その後、僧となり、二十四年後、日本に帰国しようとしたが、情報が伝わるのを恐れた朝鮮は漢城（現・ソウル）に居住させたという。

　一五一〇年、朝鮮と対馬の蜜月が終わる時が来た。

　日本人に大量の衣類や食糧を与えていたため、朝鮮の財政負担が膨れ上がり、入国制限や日本への強制送還に踏み切り、貿易にも制限を加えた。

　不満を持った日本人は薺浦と富山浦で暴動を起こした。宗氏も加わった。いわゆる「三浦の乱」だ。朝鮮は大軍で迎え撃ち、宗氏は敗退した。

　国交断絶は、対馬にとっては死活問題だった。懸命の工作によって、二年後には復交条約が結ばれた。薺浦に、後には富山浦にも、それぞれ倭館が復活したが、居住は許されなかった。

　博多商人も活動の場を追われた。失った富を取り戻す意気込みで、明や琉球との交易に力を注いだが、そこには強力なライバルが待ち構えていた。

ライバル堺の登場

　大阪・堺市の中心部、西に広がる町並みは、碁盤の目のように整然としている。

　市役所から堺旧港に向かって、まっすぐに延びる大小路《おおしょうじ》をはさんで、北が北庄《きたのしょう》、南が南庄《みなみのしょう》と呼ばれ、中世には豪商の屋敷や寺院が連なっていた。今でも市役所の北側約一キロのところに、北庄町、南庄町の地名が残っている。

　泉澄一・関西大学名誉教授（中世商人史）は、天文元（一五三二）年ごろ

ヨーロッパの地図に初めて中国が描かれた「ルドウィコ・ゲオルグ中国図」。日本の部分にFacata（博多）とSacai（堺）が見える（部分。1612年。福岡市博物館蔵）

堺には一万二千戸があったと推定している。その約六十年前に書かれた『海東諸国紀』によると、博多は一万余戸。時期は異なるが、ほぼ同規模だったと思われる。

博多と堺――。二つの町の商人たちは、日明貿易をめぐって火花を散らす。表に立ったのは、守護大名である大内氏と細川氏であった。

兵庫津（現・神戸港）を支配していたのは細川氏だった。早くから勘合貿易に参加し、幕府の管領として遣明船の警固にもあたっていた。

しかし、応仁の乱（一四六七－七七年）によって大内氏が兵庫を支配するようになると、細川氏と幕府は兵庫を離れ、日明貿易の新たな拠点として堺を選んだ。文明元（一四六九）年、細川の船は寧波からの帰路、大内氏が制海権を握る瀬戸内海を避け、九州の南端から土佐沖を回る南海路を通っている。このことは堺商人が琉球貿易へ進出するきっかけにもなった。

武野要子教授は、堺が勃興した背景をこう分析する。

十五世紀後半には、奈良―堺間の流通ルートが確立し、堺は大消費地を控えた重要な港となっていた。応仁の乱で奈良が貴族の、堺が町人たちの疎開先になった。各地の荘園から兵庫に送られていた年貢米が堺に集まった。これらが契機となって貿易港として発展する、と。

博多商人にとって、堺は初めて現れた強力な競争相手だった。日明貿易の記録を見ると、両者の対立の姿がくっきりと浮かび上がる。

文明九年、湯川宣阿《せんあ》、小島三郎左衛門らが堺商人として初めて遣明船を請け負い、三隻で出航した。

この三年後は大内氏が派遣することに決まっていたが、堺側の策略によってひっくり返された。大内氏は、「遣明船は当方に管理させてほしい」と将軍に願い出たが、受け入れられなかった。

明応二（一四九三）年にも、細川氏・堺商人側が派遣。六年後、やっと二隻の権利を奪い返した。

永正八（一五一一）年は両者痛み分けで、大内船二隻、細川船一隻が明に入った。ところが細川氏は、別の一隻を先に送り込んでいた。

大内・博多の遺恨は、募る一方だった。大永三（一五二三）年、寧波でその怒りが爆発する。

大内氏は三隻で寧波に入り、遅れて細川船が入港した。実はこの時、大内氏は正式な勘合符を持っていたが、細川が携行したのは期限切れの古い勘合符だった。それでも細川船は、明の役人に賄賂を渡して先に入関手続きを済ませてしまった。

さらに、宴会になった時――。細川の正使が上座に座ったことで乱闘となり、多数の死傷者が出た。

この結果、大内側が勘合貿易を独占するようになったが、明から、遣明船を十年に一度にすることや、一回の船を三隻にすることなど、制限を受けた。

「商人と屛風は曲がらねば立たず」

変わり身も早い。博多と堺の商人はこの後すぐ、手を携えるようになる。

多国籍商人団・倭寇

寧波の乱後、大内氏が日明貿易を独占した。しかし、天文十六（一五四七）年の遣明船を最後に、大内氏の滅亡とともに官営貿易の時代は終わった。

代わって登場したのが、いわゆる「後期倭寇」だ。十四世紀ごろ朝鮮や中国を震撼させた「前期倭寇」とは異なる。

倭寇が再び現れたのは、流通経済の発達と関係がある。

明は海禁政策をとっていたが、中央から離れた東南沿海では密貿易が盛んだった。福建、広東、浙江の塩商人や米商人にとって、漁業や物資を運搬する航路は生活の舞台そのものだった。

　密貿易と言えば聞こえは悪いが、本質は民間貿易だ。商品の流通が盛んになるのに比例して、商人たちが動き回るのは当たり前。それを抑え込むこと自体、時代の流れに抗することだったのだ。

　同じころ、ポルトガル船も貿易を求めたが許されず、沿岸住民と直接取引をするようになった。これも倭寇と言われるようになる。

　全体のうち日本人は三割くらいで、中国人、ポルトガル人を含めた、いわば〝多国籍商人団〟だった。

　寧波の東にある島・雙嶼《そうしょ》を拠点とする中国人・王直《おうちょく》は、もと

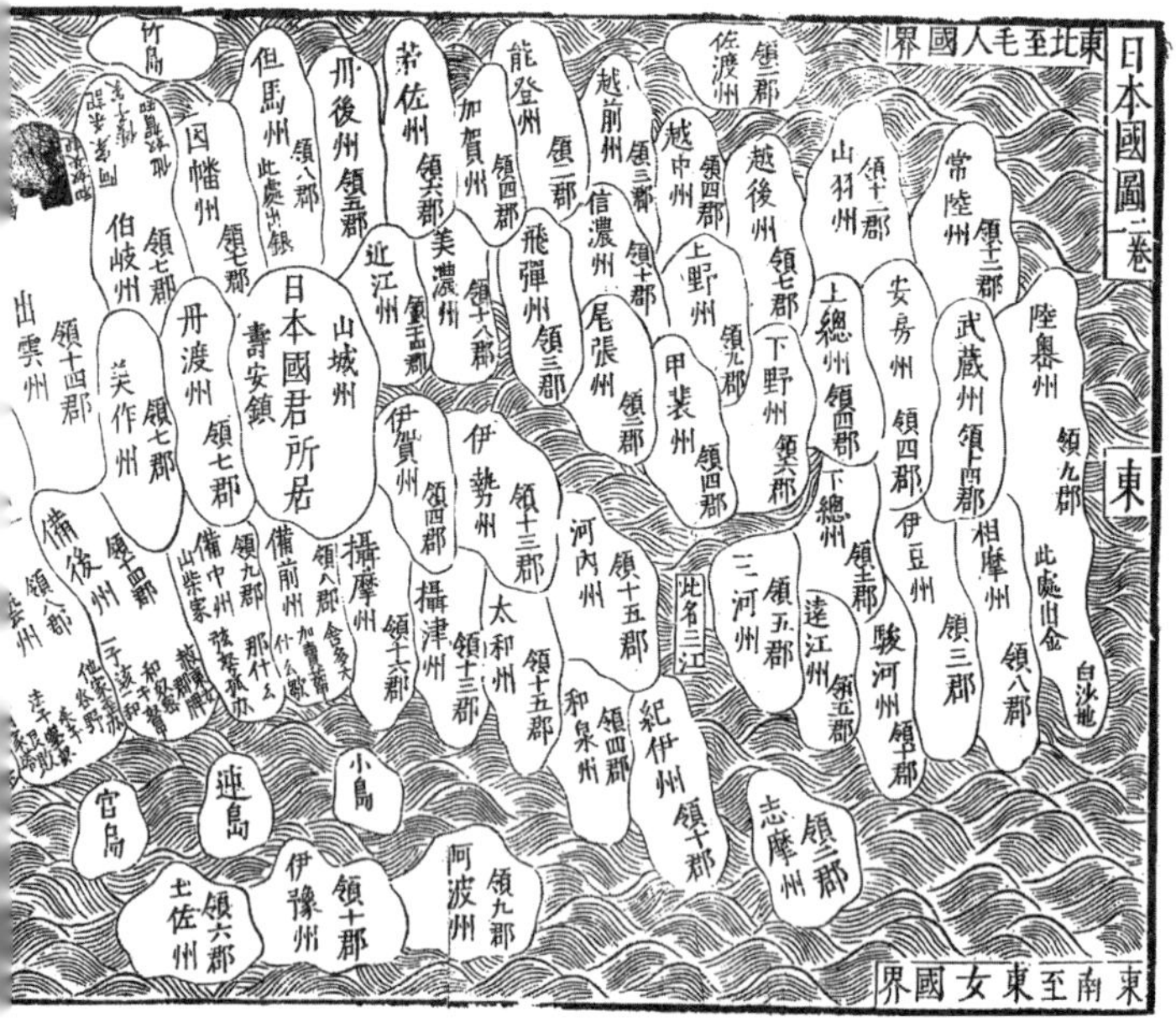

『籌海図編（ちゅうかいずへん）』掲載の日本国図。中国・明代の地理学者・鄭若曾（ていじゃくそう）が後期倭寇対策のための資料を集め，沿岸警備軍司令官・胡宗憲（こそうけん）によって刊行された。王直の拠点であった五島列島が大きく描かれており，倭寇の脅威を物語る（1562年。国立国会図書館蔵）

は塩商人だった。長崎・平戸に居を構え、五島に拠点を移し、日本やシャムなどで、硫黄や生糸、綿の貿易を手がけた。

　博多の倭助才門ら三人を雙嶼に連れていき、貿易の仲間にしたという記録がある。博多商人たちがこれらの貿易に加わってさまざまな活動をしていたことをうかがわせる。

　その王直が、意外なところに登場する。

　日本に鉄砲が伝わったのは天文十二年。ポルトガル人が乗った船が種子島に漂着したことからだが、この船に、王直も乗っていたのだ。

　もともとは中国の船だったようだ。中国人とともにポルトガル人が乗った、まさに多国籍商人団だ。生活物資だけでなく、武器までも商い、ヨーロッパか

らアジア、日本を舞台に大規模な貿易を展開していた。

大友氏が貿易の拠点にしていた豊後府内（大分市）でシャムの壺が出土している。火薬製造に欠かせない硝石の主産地がシャム。

鉄砲を武器として使うことをもくろんでいた大友氏は、硝石の輸入に熱心だったと言われ、この壺に硝石が入っていたとも考えられる。

同じ時期にシャムから来た壺の一部が、博多の息浜でも見つかっている。福岡市教育委員会文化財部の大庭康時主査は、あくまで想像だが、としたうえで、「その壺に硝石が入っていた可能性はある」と言う。

大友氏が、キリスト教布教のため日本にやってきた宣教師に硝石の入手を依頼したという記

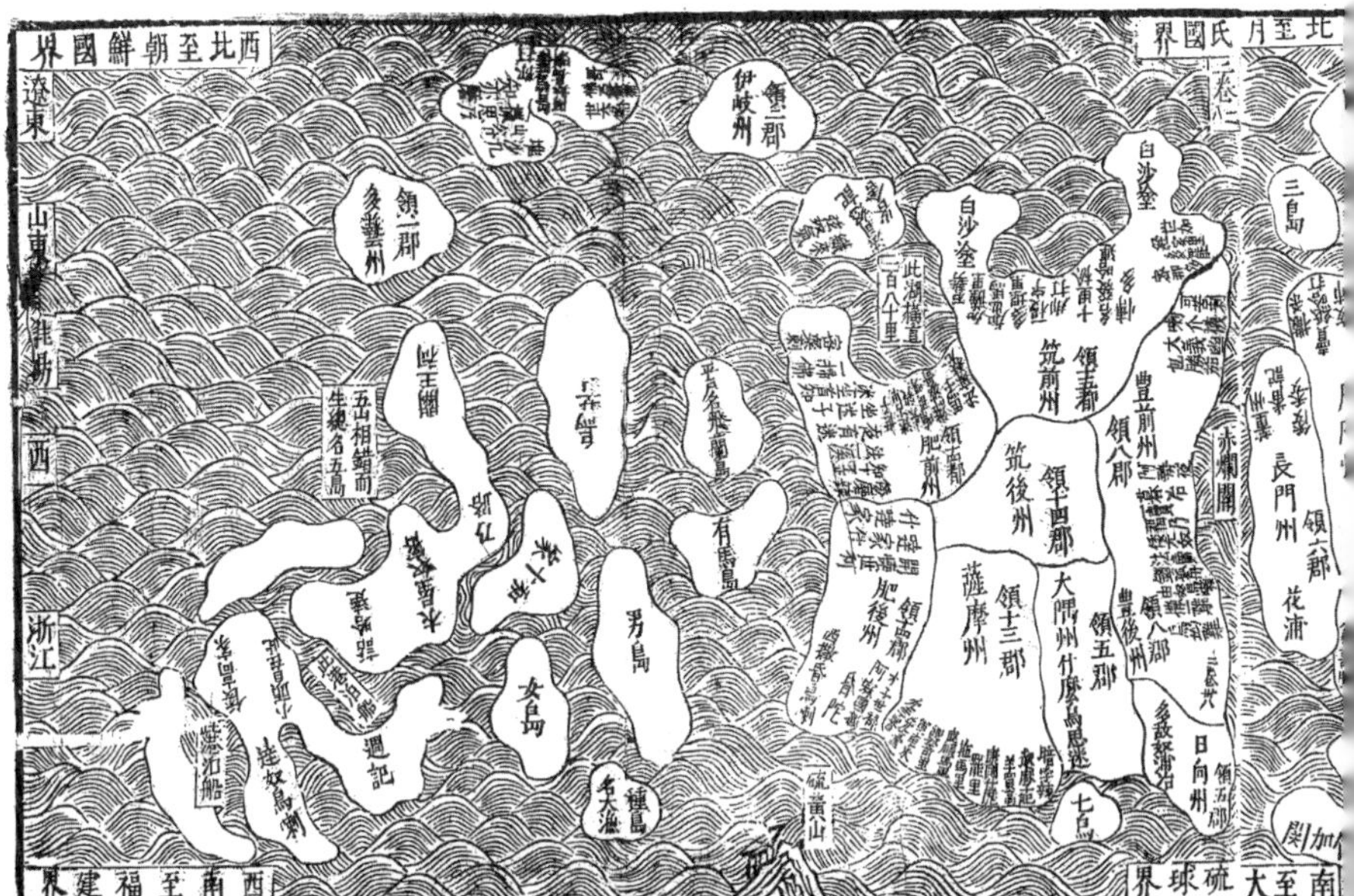

録もある。

宣教師たちは当時の様子を書簡にしたためている。

「博多は商人の町で、九州で最も富裕な町であり、有力商人を中心とする自治が行われていた」

（ルイス・フロイス）

「博多商人は容易にキリスト教を受け入れず、日本一布教のやりにくい土地であった。その理由は、博多が富裕で贅沢な町だからである」

（ルイス・アルメイダ）

しかし、繁栄は続かなかった。黄金を生む商いの町を争奪する戦いが再び始まった。天正八（一五八〇）年の龍造寺氏の筑前侵入、同十四年の島津氏の北上によって、町は焼き尽くされた。

焦土の中から、復興ののろしをあげたのが商人たちだった。

オルテリウス『世界図』。ベルギー・アントウェルペンの地図メーカー・オルテリウスが最新の情報を１冊にまとめて1570年に発行した地図帳。大航海時代の世界像が凝縮されている（長崎県蔵）

大航海時代と博多

TYPVS
AMERICA SIVE IN DIA NOVA
CIRCVLVS ARCTICVS.
TROPICVS CANCRI
CIRCVLVS AEQVINOCTIALIS
MAR DEL ZVR
TROPICVS CAPRICORNI.
EL MAR PACIFICO
CIRCVLVS ANTARCTICVS.
Terra del Fuego
Chica
Chile.
Amazones.
Peru.
Caribana.
Chilaga
Florida.
MAR DEL NORT
QVID EI POTEST VIDERI MAGNVM
OMNIS, TOTIVSQVE MVNDI

「博多三傑」の登場

地球は丸い。世界は狭い。海の向こうには黄金の国がある――。

西欧の国々は、競って新航路と新大陸発見の旅に出た。コロンブスの新大陸探検、バスコ・ダ・ガマのインド到着、マゼランの世界周航……。欧州世界は歓喜した。「大航海の時代」（十五―十七世紀）だった。

博多では「三傑」と言われる豪商が現れる。海の彼方に富と夢を追いかけた男たちだった。その一人が神屋《かみや》家六代目の宗湛《そうたん》である。

神屋家初代の永富は、勘合貿易で財をなしたと言われる。二代目が息子の主計《かずえ》で、天文九（一五四〇）年に明の寧波で永富の三十三回忌法要を行っている。この時、主計は遣明船の総船頭、つまり一号船の船頭だ。商人の中でも最上級の地位にいたわけで、明に渡ってからの扱いも別格だったのだろう。

石見《いわみ》銀山を発見したのが寿禎《じゅてい》だ。神屋家の系図では、主計の息子が寿禎となっているが、武野要子教授は「永富と寿禎は兄弟だったのではないか」と推測する。

「寿禎は、主計が乗る船のために準備をし、送り出す役目をした。それには商才と多額の資金が必要で、一般的に年長者は船に乗らず、国元で指導者の役割を担ったのです」

大永六（一五二六）年、寿禎は温泉《ゆの》津《つ》（島根県邇摩《にま》郡）沖で、頂上が光っている石見銀山を見つけたという。

採掘した銀鉱石は、博多に運んで銀を取り出していたが、七年後、灰吹《はいふき》法によって現地での精錬が可能となり、産出量は飛躍的に増えた。温泉津は積み出し港になった。

灰吹法は、朝鮮の技術者を招いて導

グレイブス＆トーマス社「ベハイム地球儀」。コロンブスのアメリカ大陸発見と同じ1492年に，ドイツのマルチン・ベハイムが作成（複製。長崎県蔵）

ポルトガル人地図作家ルイス・ティセラによる「ティセラ日本図」。Hivami（石見）の上にArgenti fodina（銀鉱山）と書かれている（部分。1595年。福岡市博物館蔵）

入したとも、寿禎自身が明で習得したとも言われる最新の精錬方法だった。銀鉱石に鉛を加えて溶かし、銀と鉛だけの合金にして、灰を敷き詰めた炉の中に入れて炉内を熱する。鉛は酸素と結びついて灰にしみ込むので、銀だけを取り出すことができる画期的な技術だった。

石見銀山の発見と灰吹法は海外にも影響を与えた。

それまで銀は朝鮮から日本へ輸入されていたが、数年で流れが逆になった。一五四二年ごろには「倭国で銀が造られ始めて十年もたたないのに、銀はありふれたものになってしまった」と嘆く朝鮮の記録がある。

やがて世界の銀産出量の三分の一を日本が占めるようになった。一五八〇年ごろには、ポルトガル船が年に五千貫（約一万八七〇〇キロ）の銀を日本から持ち出したとされる。

ポルトガルは、日本の銀と中国の生糸や絹織物を交換して大きな利益を得た。それを元手にインドの香料などを仕入れて本国へ送り、さらに莫大な利を得た。銀は通貨の役割を果たした。

櫛田神社の博多歴史館には、大小二枚の純銀製「博多判銀」が所蔵されている。黒っぽい灰色で、木の葉のような形をしており、「ゆずり葉銀」とも呼ばれる。大判は縦一四・八センチ、横四・五センチ、重さ一〇八グラム。「祿二」と刻印されており、文祿二（一五九三）年に鋳造されたとも言われる。とすれば、朝鮮出兵の翌年にあたり、秀吉が軍資金として造らせた可能性がある。享祿二（一五二九）年とする異説もあるが。

大内氏に代わって博多を支配した大友宗麟《そうりん》は、弘治元（一五五五）年、神屋一族の亀菊に「左衛門尉」という役職を与えた。同じころ宗麟は、戦火を避けて疎開していた四代目の宗浙《そうせつ》に対し、博多に帰ってくるように、と促している。商人を取り込みたい、という大友氏の意図がうかがえる。
間もなく商人たちは黄金期を迎える。

神屋家と唐津

福岡県二丈町に隣接した佐賀県七山《ななやま》村は、福岡市の南西五〇キロ余り。役場から車で十分ほど山に入ったところに「博多」という小さな集落がある。現在は七世帯ほどしか住んでいないが、博多の名のバス停や公民館もある。

松浦史談会会長の富岡行昌さんは、「博多の人が移り住んだので、この地名が残ったのではないか」と考えている。

博多は戦乱の時代だった。大友氏と毛利氏の戦い、そして龍造寺氏、島津

宗湛らが戦火を逃れるために移った唐津。虹の松原（手前）と唐津港（奥）の海岸は，ツルが翼を広げたように美しい

氏の侵攻。何度も町は灰燼《かいじん》に帰した。そのたびに農民や商人は町を離れた。戦いが収まると、また戻り、廃虚の中で家を建て、店を構え、商いを始めた。その繰り返しだっただろう。

宣教師ルイス・ダルメイダの書簡によると、元亀元（一五七〇）年ごろ、かつて一万余戸あった町の中心部は、森林のような姿に変わり果て、住んでいるのはたった二十戸ほどだったという。

しかし、復興へのエネルギーには驚かされる。わずか二か月後には三千五百戸に増え、「今後四か月以内には人口一万に達すべし」と記している。七山村に移ったのも、そのような人々だったのだろう。

神屋宗湛像（写真提供：福岡市博物館）

さらに西へ一五キロの唐津へ避難した一団もあった。神屋宗湛は、父・紹策とともに、唐津湾に臨むこの港町に移った。宗湛は天文二十二（一五五三）年生まれ。そのころ二十歳前後だったと言われる。

「貿易を家業としていたので、ここを選んだのでしょう」と富岡さん。

博多と唐津は、距離的に近いというほかにも、深いつながりがあった。

倭寇の松浦党は唐津を拠点として明や朝鮮と貿易をしていた。波多氏をはじめ主に領主たちで構成する上松浦党と、武士団を主体とする伊万里氏らの下松浦党に分かれていた。博多商人の貿易船とともに行動し、護衛の役割を果たすこともあった。

富岡さんによると、宗湛が商いをしたのは「金屋」と呼ばれていた現在の唐津市大石町付近だった。『宗湛日記』には「上松浦唐津村」と書かれている。波多川（現・徳須恵《とくすえ》川）の河口にあたる。船によってさまざまな物資が運ばれ、人の往来も頻繁だった。商売には、うってつけの場所だった。

　そこには松浦党の「会所《かいしょ》」があった。もとは南北朝時代に武将が会議を行う場所を指していたが、その後、特定の領主の支配を受けない地域を示すようになった。富岡さんは「会所があったから博多から来た商人たちでも、やりやすかったのではないか」と言う。

　神屋家と唐津の興味深い関係がある。「幻住派《げんじゅうは》」の禅僧との接点だ。臨済宗の一派で、幻住とは住むところを定めないという意味を持ち、十五世紀後半から、博多を中心に北部九州で勢力を広げていた。

　貿易にも積極的だった。優秀な人材を擁した集団で、後には秀吉のブレーンとして招かれる僧も出てくる。

幻住派の書画を研究している福岡市美術館の渡辺雄二学芸員は、「高僧は筆談ができるため明や朝鮮との交渉で頼りになった。情報網も持つことができた」と話す。

　幻住派の湖心碩鼎《こしんせきてい》は、神屋家二代目の主計が総船頭を務めた遣明船の正使だった。宗湛の妻は、その弟子で朝鮮外交にも力を尽くした景轍玄蘇《けいてつげんそ》の妹である。

　松浦党の波多氏は幻住派のために唐津の近松寺《きんしょうじ》と少林寺を再興しており、この両者のつながりもうかがわせる。商いにたけた神屋家、武装勢力でもあった松浦党、そして政治・外交に強い幻住派――。唐津を足場に強力なトライアングルを形成していた。

　唐津からは何を輸出していたのだろう。

　隣町の浜玉町大江付近では、鉄くずが発掘されており、刀鍛冶《かじ》がいたと思われる。日本刀は、明や朝鮮では高価で取引される。唐津からの貴重な輸出品になったのではないか。

　若き宗湛は、松浦党、幻住派と絆を結び、唐津と博多との間を往来しながら商いの幅を大きく広げた。

大坂城での大茶会

　天正十四（一五八六）年十月二十八日、三十三歳の宗湛は、唐津村を船出した。加布里《かふり》（福岡県前原市）からは陸路、下関から再び船に乗り、十一月十八日、京都に着いた。

　八十二年の生涯の中で、商人として最も輝く時が待っていた。

　『宗湛日記』には、この旅立ちから大坂城での秀吉との対面とその後までが克明に記されている。

　十二月三日、大雪。大徳寺総見院で剃髪《ていはつ》し、僧籍に入り、一か月間、茶の湯の修行をした。

　翌十五年正月三日、大坂城で開かれ

た大茶会に招かれ、寅刻（午前四時）に登城した。門の外では堺の豪商・天王寺屋宗及《そうぎゅう》の紹介で茶人・千利休にも会うことができた。

卯刻（午前六時）、五人の堺衆とともに広間で待っていると、秀吉側近の石田三成が宗湛だけを呼び出して内座敷へ案内し、茶の湯のお飾りを下見させてくれた。もとの広間へ戻ると、秀吉が現れた。大勢の武将や商人とともにお飾りを見ている時、突然声がかかった。

「筑紫の坊主どれぞ」

もちろん宗湛のことだ。

「これにて候」

宗湛に代わって宗及が答えると、秀吉が言った。

「残りの者どもはのけて、筑紫の坊主一人によく見せよ」

堺衆は全員、縁側に出た。宗湛だけがゆっくりと拝見した。

料理が出始めたので次の広間で待っていると、また声がかかった。

奥村玉蘭著『筑前名所図会』より「神屋宗湛献茶之図」江戸時代後期。（福岡市博物館蔵）

「筑紫の坊主に飯を食わせよ」

秀吉の目の前で、大名たちと同席して食事をした。商人は堺の今井宗久《そうきゅう》と宗湛の二人だけだった。

並み居る大名、茶人を押しのけての破格の扱いだ。「筑紫の坊主」という呼び方にも親しみがこもっていた。

食後の茶になった。秀吉は命じた。

「多人数なので一服を三人ずつで飲め。順番はくじで決めよ。筑紫の坊主には、とっくり飲ませよ」

宗湛だけが一服を、利休のお点前《てまえ》でいただいた。最大級のもてなしだった。

秀吉には明確な意図があった。

明智光秀を破って徳川家康らと和睦した後、紀伊に続いて四国を平定し、関白になった。薩摩には島津氏が盤踞《ばんきょ》していたが、すでに勝利を見通し、天下統一の先には、朝鮮まで視野に入れていた。そのためには博多を拠点にしなくてはならない。商人の協力がぜひとも必要だった。

戦乱で荒廃した博多を復興させることは、商人の悲願でもあった。大茶会は、双方の思惑が一致したビッグイベントだった。

宗湛は、正月の大茶会が終わってからも、京をはじめ大坂、堺、奈良に滞在し、著名な商人、茶人、武将と親しく交わった。日記には合計七十二人の名が出てくる。

上洛からずっと世話をしてくれた宗及は、その多くに同席した。日記にも「宗及老」として登場する。

泉澄一教授は、「堺商人は畿内での商品の販路を握っていた。博多商人はその力を借りたのではないか」とみる。

宗及は、大友氏が治めていた豊後で商いをしており、すでに博多商人との交流があったと考えられる。博多と堺の商人は、勘合貿易ではライバルだったが、この時には手を結ぶ間柄になっていた。

宗湛は忙しかった。秀吉の甥で後に養子になった秀次にもあいさつし、佐々成政《さっさなりまさ》や、秀吉の弟の秀長、九州出兵の兵站の責任者である三成にも頻繁に会っている。

茶会の二か月後、秀吉は九州に出陣した。博多や堺の商人に軍事物資の調達を命じた。

その後を追うように、宗湛は唐津へ帰った。三日後には、薩摩へ出兵していた秀吉のもとへ向かった。秀吉を支援する商人代表のような存在だったのだろう。

九州平定の後には博多の町づくりが待っていた。

秀吉の町づくり

秀吉は九州平定を終えた天正十五（一五八七）年六月十日、南蛮船フスタに乗り込み博多に上陸、筥崎宮に滞在し、荒れ果てた町を検分した。同行した博多衆は宗湛一人だけだった。

その翌日には図面が引かれ、十二日から作業が始まった。「太閤町割」である。最初の杭《くい》が打たれたのは大博通りの奈良屋町と下呉服町の間。かつては一番という意味で「一小路《いちしょうじ》（市小路）」という地名もあった。

町割の対象は十町四方（約一二〇ヘクタール）と定められた。区画は正確に整備され、南北に走る大通りを軸として両側に広がる道筋ができた。かつては港がある息浜と内陸部に分かれていたが、一つにまとまり、整然とした町に生まれ変わった。

秀吉にとって宗湛は、博多の町づくりに欠かせない大きな存在だった。

貝原益軒は『筑前国続風土記』にこう書いている。

秀吉がこの町を再興する時、昔の故実を尋ねて参考にした。大宰府に通じ、唐船が着く海辺に通じていたため、南北の縦の道を広くした。この道沿いの

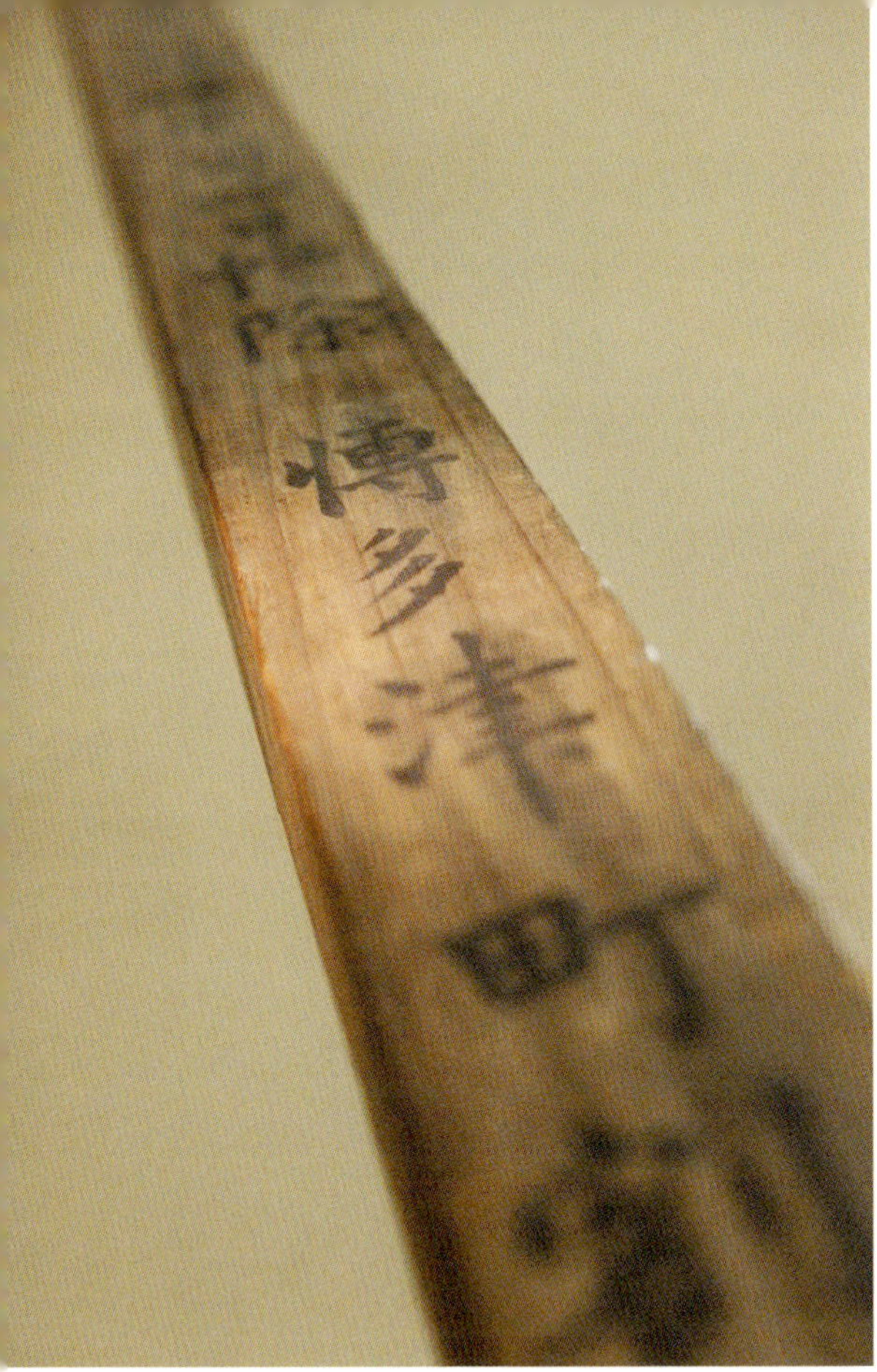

「町割」に物差しとして使われた間杖
（複製。櫛田神社博多歴史館蔵）

家には富んだ人が多くいた。

歴史まで調べ上げたうえ、都市としての機能を最優先した、緻密な町づくりの手法と戦略が浮かび上がる。

宗湛は、かつての町並みの跡や井戸を探し、自ら測量して歩いたと言われる。その時に使った長さ二メートルほどの間杖《けんじょう》が、戦前まで宗湛を祀った豊国神社（奈良屋町）に保存されていたが、焼失。現在、櫛田神社に複製が残っている。

嶋井《しまい》宗室《そうしつ》も町割に協力した。宗湛と同じ博多商人で、ひと回りほど年長だった。

この功績から、宗湛と宗室は表口十三間半（約二五メートル）、奥行き三十間（約五五メートル）の宅地を与えられ、税を免除されたという。

秀吉は同じ時期、九か条からなる「定《さだめ》　筑前国博多津」を出した。

まず寺社や武士が支配する独占事業の問屋と特権組織である座を禁じ、すべての商人、職人の営業を自由にした。「楽市楽座令」と言われる商業政策だ。博多の回船も保護したため、自由な商売が約束された。

町人だけの町にするため博多に武士が住むことを禁止した。さらに、土地・家屋に課せられる税の「地子」、主に武士に供する労役を指す「諸役」も免除した。圧倒的に商人に有利な内容だった。

泉澄一教授は、「この定書は、他のどの地域よりも手厚く保護した内容になっている。秀吉がそれだけ博多という町を重視していたことの表れだ」と指摘する。

町割は社会基盤、つまりハード面の整備だったが、定書は商人と商業活動を保護する制度、いわばソフト面の充

「博多旧図」。焦土と化していた博多に，碁盤の目のような美しい町並みが現れた（江戸時代後期。福岡県立図書館蔵）

実だった。秀吉が意図した通り、この二つは両輪となって町づくりが急速に進むことになる。

『宗湛日記』に当時の熱気が伝わる逸話が記録されている。

箱崎で開かれた茶会の後に、秀吉たちは連歌を楽しんだ。黒田如水の叔父にあたる小寺休夢が下の句を詠んだ。

たてならへたる門のにきわひ

秀吉が上の句をつけた。

博多町幾千代までやつのるらん

同席した人々は、復興を遂げ、発展していく博多の様子を詠んだこの句を、町の者たちにぜひ聞かせたい、と口々に褒めたたえ、秀吉も上機嫌だった。

町割の三か月後、秀吉は、北野神社で催した大茶会に九州から宗湛だけを招いた。茶会には間に合わなかったが、その後しばらく滞在し、秀吉やその側近たちの茶会に招待された。

その後、秀吉の死（一五九八年）まで、ぴったりと寄り添い、揺るぎない地位を固めていく。
一方の宗室は、朝鮮出兵では微妙な立場を取る。

宗室と博多練酒

「其色練きぬのことくなる故に練酒と称す。……他邦の酒家此酒を学びかもすといへとも、其味甚おとり、博多の産に類せす」

『筑前国続風土記』で、貝原益軒は博多練酒《ねりざけ》についてこう記している。京都・相国寺の『蔭凉軒日録《いんりようけんにちろく》』にも、文正元（一四六六）年正月、筑前の国・博多の名酒として「練緯《ねりぬき》」が出てくる。

この練酒を秀吉が受け取ったという文書が残っている。また江戸時代に書かれた鶴田自反の『博多記』には、嶋井家が練酒を醸造していたという記述もあり、博多の名酒づくりを家業にしたことがうかがえる。このほか金融業や朝鮮貿易などを手広く営んだ。

宗室の出自はよく分からない。

慶長三（一五九八）年、茶会で同席した豊臣五大老の一人・毛利輝元《てるもと》が宗室に、「先祖は公家であるそうだが、そなたは何代にあたるのか」と尋ねたところ、「その儀だけはどうぞご容赦願いたい」と答え、多くを語らなかったと伝えられている。

嶋井家系図によると、藤原北家を宗家とし、代々藤氏を名乗っていたが、宗室の父・次郎右衛門茂久の代から嶋

『筑前名所図会』より「博多練酒」（福岡市博物館蔵）

蒸したもち米を臼でひき乳酸発酵させたうえで，米，こうじ，水を入れてさらに発酵させてできる練酒。この技術が発展し現在の清酒づくりの中にも生きているため「日本酒の原点」とも呼ばれている。甘酸っぱく，リンゴや洋ナシを思わせる練酒。300年の歴史を持つ酒蔵でよみがえった（福岡県田主丸町の若竹屋酒造場）

井を名乗るようになった、と記されている。

武野要子教授は、「宗室は、対馬出身で、博多に移住してきた商人だったのではないか」とみている。

応永三十二（一四二五）年ごろ、嶋井家の先祖が対馬の上津《かみつ》八幡宮の神職を務めていたとも言われる。海の神を祀った神社であれば、海外交易との結びつきは強い。

朝鮮との間を頻繁に行き来していた対馬の貿易商・梅岩《ばいがん》と親しく交際していたという記録も残っている。先祖から対馬で貿易に携わっていたのではないだろうか。

宗室の貿易についての記録がある。

永禄十一（一五六八）年、手船の永寿丸で朝鮮の釜山浦に着いた。兀良哈《オランカイ》（現・中国東北部）で貿易をして博多に戻り、その商品を大坂へ積み出した。多くの利益をあげたため、船頭たちに褒美を与えたという。

天正七（一五七九）年、宗室は朝鮮に向かう途中、対馬に立ち寄った。府中（厳原）に安価な南蛮の商品がたくさんあったので、朝鮮で仕入れる予定を変更して、それらを買い求めて戻った。

仕入れた商品の中には「トタン」が

あり、大坂へ送ったところ、たいそう儲けた、という。トタンは亜鉛のことで、武器などに使われたようだ。対馬はその産地だった。まだ戦乱が続いていたころだ。武器材料の買い手には困らなかっただろう。

　商いは、対馬―朝鮮ルート、博多―堺―大坂ルートと、国の内外に広がった。

　類希《たぐいまれ》な商才を備えた博多の男は、着実に大商人としての力を蓄えてゆく。

茶の湯と商人

「梅岩は朝鮮から対馬へ帰ってきただろうか。今月博多へとやってくるだろうか。待ち遠しいことだ」

　大友宗麟の側近・吉弘宗仭《よしひろそうじん》が宗室にあてた書状だ。宗麟は宗室を通じて、梅岩から朝鮮の茶器を手に入れようとしており、待ち焦がれる気持ちが表れている。

　この時代、茶器は「一国一城にも値する」ほどの価値があった。商人にとっても茶器や茶会は商いに欠かせないものだった。角山栄・堺市博物館館長（経済史）は、「茶室は政治的な会合や商談も行われる重要な空間であり、茶器は富の蓄積や繁栄を表すと同時に、茶の湯という精神文化のシンボルでもあった」と言う。

　天正元（一五七三）年ごろ、宗室は宗麟から、北九州六か国の自由な往来と商いをする特権を認められていた。

　堺の天王寺屋道叱《どうしつ》は、宗麟の本拠である豊後（大分県）で手広く商売を営み、宗室に茶の湯を教えたとも言われる。宗室のことを「宗叱」と書いた書状などが残っている。宗室が師の一字を借りて、自ら「宗叱」と称したか、他人からそう呼ばれたのか。いずれにしても、二人はそれだけ親しい関係にあった。

　博多を拠点に基盤を固めていた宗室が次に接近したのが、天下統一を果たそうとしていた織田信長だった。信長は安土城下に楽市楽座令を敷くなど商業を重視する政策をとっており、その庇護によって、天下の商人になることを望んだのだろう。

　仲介役になったのも道叱だった。そこにも、茶の湯が登場する。

　道叱の甥・宗及は信長の茶頭だった。道叱の紹介で天正八（一五八〇）年八月、宗及の茶会に初めて宗室が出席し、堺の商人や大名たちとの交流を広げた。

　天正十年正月、信長は京都で開く茶会に宗室を招くため、「茶道具を見せるので、宗室を連れてくるように」と堺商人に書き送った。

　茶会は中止されたが、五か月後、名だたる公家や僧を招いて本能寺で開かれた茶会には宗室も出て、信長の茶器を見る機会があったようだ。

「本能寺の変」の前日だった。本能寺の茶室に逸話が残っている。

は弘法大師が書いたとされる「千字文《せんじもん》」があった。火の手が迫った時、宗室は茶室に飛び込んで持ち出し、僧侶の一団とともに逃げたという。博多へ帰った宗室は、掛け軸を東長寺（博多区御供所町）へ納め、今も大切に保存されている。

宗室が持っていたと言われる茶入れ「楢柴肩衝《ならしばかたつき》」は、千利休が「初花《はつはな》」、「新田《にった》」とともに「天下に三つ」と称賛した名器である。多くの武士、茶人にとって垂涎の的だった名器は、数奇な運命をたどる。

宗麟は、自ら手紙をしたため譲ってほしいと頼んだが、宗室はきっぱり断った。秋月種実《たねざね》が武力で奪い取る構えを見せたため、やむなく応じた。

その後、種実は秀吉の攻撃を受けて敗北、城を明け渡し、楢柴と愛娘を差し出して許しを乞い、命拾いをしたという。

それほどの価値を秘めた楢柴肩衝とは、どのようなものだったのだろう。

唐物茶入
銘「初花」
（徳川記念財団蔵）

「ナラ柴肩衝ハ　口付ノ筋二ツ腰サカツテ帯一　肩丸クナデ候筋ノアタリニ茶色ノ薬アリ土青メニ細ク薬ハヅレハ四五分　底糸切也ソノ切目ウシロノハタニカ、ル」

宗室と親しかった宗湛は、日記に二枚の絵を添えて、その形と色を詳しく記述している。

秀吉は大切に所蔵し、北野の大茶会にも使った。死後、徳川氏に渡ったが、火災に遭い、行方不明になったままだ。

十七条の遺言

福岡市博多区の櫛田神社の境内に、「博多塀」が立っている。「博多練塀」とも呼ばれる。空襲によって焼失した嶋井宗室の屋敷跡（博多区中呉服町）から移設、復元された。

高さ二メートル、厚みは五〇センチほど。屋根のような形で瓦が載っている。十六世紀後半、相次ぐ戦乱で、博多は焦土と化した。塀にはそのがれきが塗り込められている。土の間に、灰色の割れた瓦が横筋のように走っている。焼けて赤茶けた手のひらほどの大きさの石も埋め込まれている。

焼けた石やがれきの形と色が調和していて、美しい。博多復興へ向けた人々の心意気と底力が感じられる。

宗室の日記に、九州平定を終えて博多に滞在した秀吉が、箱崎で開かれた茶会の後に宗室と交わした会話が次のように記されている。

秀吉が聞いた。

「武士と町人のどちらを希望するか」

「武士よりも町人がよいと思います」

秀吉が再び聞いた。

「何か望みはないか」

宗室は、奈多から志賀島まで続く海の中道を指さして言った。

「その見え渡るところから海を拝領したい」

「よくも坊主、望んだな。然らば武士になるか」

そう尋ねた秀吉に、宗室は言った。

「武士は嫌いにて候」

秀吉は笑って答えた。

「その方の望みは時期が来たらかなえてつかわそう、楽しみにしておれ」

これが史実かどうかはともかく、宗室が権力者の前で臆することなく自分の望みを口にする豪胆な人物として描かれていたことに注目すべきだろう。

博多湾一帯を望んだというところにも、海とともに歩んできた博多商人らしさがあふれている。

宗室の気骨を示すこんな話もある。

秀吉が出した「定」には、博多に武士の居住を認めないというくだりがあったが、すぐに反古にされたうえ、町人たちが持つ田畑に、重い年貢が課せられた。宗室は町人を代表して秀吉に「定」を再交付するよう嘆願を繰り返した。

宗室は、神屋家からの養子で外孫に当たる徳左衛門にあてて遺言状を残している。

聖徳太子の憲法に倣《なら》ってしたためた十七条には、商人としての心構えが説かれている。

第一条で「律儀でいんぎん、親には孝行、口数は少なく」と、まず基本的な生き方を説く。

第二条では「五十歳になるまで、一切の宗教は無用。老人になれば、浄土宗、禅宗などを信仰してもよい」と信心のあり方を示した。

第四条に「ぜいたくをしてはならない。商売は人に負けぬように儲けを一番に考えよ」、九条で「主人は自ら薪や雑魚、鰯《いわし》まで値切って買い求め、物の値段の高低を知るようにせよ」と、事細かく諭す。

「酒造米は主人自ら量るようにせよ。使用人はみな泥棒と思って油断しないようにせよ」（十条）とし、一方で、「野菜のへた、皮まで漬物にせよ。主

人主婦自ら雑炊を食べよ」（十一条）と、質素な暮らしをし、他人に対すると同様に自分も厳しく律することを求めている。だからこそ巨額の富を蓄えることができたのだろう。

「武士は殿様からいただいた土地で生活していけるが、商人は儲けなければ身の破滅なのだ」（十三条）と、町人が置かれた立場を改めて認識させる記述もある。

最後に「嶋井は自分一代で終わる。自分が死んだらおまえは神屋か前田を名乗れ」と書いている。嶋井の名にこだわらず、一族仲良く商売を発展させてほしいという願いなのだろう。

結びで、『徒然草』を引用し、こう書いている。

「双六《すごろく》は勝とうと思って打つべからず　負けじと思って打つべし」

商いの神髄は、「勝つ」ことではなく、「負けない」ことである、と言っているのである。

十七条は、子孫だけでなく、博多の商人全体に徹底させたかった心構えだったのではないか。

朝鮮出兵と宗湛、宗室

宗室の生き方を鮮やかに映し出した出来事があった。遺書を書いた十八年前、天正二十（一五九二）年の朝鮮出兵の時だ。

秀吉は、九州を平定した天正十五年ごろから、朝鮮への侵略計画に具体的に着手した。そのためには、博多の商人たちの力が必要だった。

『宗湛日記』を読むと、宗湛が上京し、秀吉をはじめ大名たちの茶会にたびたび出席しているのが分かる。秘密保持のためだろう、茶席での会話は一切書かれていない。しかし、秀吉や側近から出兵への協力を求められたことは容易に想像できる。

天正十九年、肥前・名護屋（佐賀県

右：「福岡図巻」。博多の町の様子が描かれている（部分。江戸時代中期。福岡市博物館蔵）
上：嶋井宗室像（写真提供：福岡市博物館）

鎮西町）で本格的な築城が始まった。当初、秀吉は国際貿易都市として港が整備されていた博多を出撃基地と考えていたようだが、名護屋に変更している。

　松浦史談会の原口泱泰《ひろやす》さんは著書『名護屋城の謎――豊臣秀吉と神屋宗湛』（光陽出版社）で、名護屋にするよう勧めたのは宗湛ではないか、と推測している。

　玄界灘は海の難所で遭難も多かった。出兵のためには、かつて倭寇として活動した上松浦の漁民たちに水先案内をしてもらう必要があったのではないかと思われる。

　また名護屋は九州本土の中で朝鮮半島に最も近く、天守閣からは、玄界灘、壱岐、対馬までを見渡すこともできる。

　宗湛は戦乱の博多を逃れて唐津に疎開していたこともある。唐津から一八キロほどの名護屋についても知識があっただろう。万一、朝鮮に攻め込まれた場合、博多が戦場になることを避けたかったのかもしれない。

　秀吉は築城の名人・加藤清正らに設計させた。広さは約一七万平方メートル。五層七重の天守閣がそびえ、大坂城に次ぐ規模だった。城を中心に鎮西、呼子、玄海町にまたがる丘陵地に、全国の百六十人余の大名が陣屋を設けた。

　食糧や武器・弾薬の確保、輸送、さらには、朝鮮に関する情報収集にいた

るまで、商人たちは活躍した。博多は名護屋の背後に控える兵站基地となった。

秀吉は宗湛と宗室に、博多津に兵糧米を蓄積するための倉庫を準備するよう指示した。出兵後は防護柵用の「もがり竹」を至急届けるように宗室に求めた。

しかし、宗室は次第に出兵反対の立場をとるようになる。秀吉の面前で「武士は嫌いにて候」と言い切った博多商人の気骨だった。

宗室は天正十八年五月、対馬島主・宗義智《よしとし》から起請文を受け取っている。義智や対馬の国について、どんなささいなことでも宗室から指南してもらい、何でも相談する、宗室との仲を妨げる者があっても親しくしたい、といった内容だった。

一国の領主としては考えられないほど、へりくだった態度で、むしろ切実な響きすら感じられる。

対馬は食糧に乏しく、朝鮮との貿易は生命線だった。出兵されると、危機に瀕する。だから朝鮮の事情に詳しく、秀吉とも直接会うことのできる宗室の力を借りたかったのだろう。

博多にとっても、貿易の途を断たれることは、大きな不利益となる。宗室は少なくとも二回、朝鮮へ渡って、出兵を防ぐために奔走した。さらに、出兵に反対する石田三成の意を受けて、秀吉に進言した。

「朝鮮は韃靼《だったん》につながる要害の地で

狩野光信筆と言われる「肥前名護屋城図屛風」。朝鮮出兵当時の名護屋城と，この地に集まった人々の姿や店の様子が詳細に描かれている（桃山時代。佐賀県立名護屋城博物館蔵）

あって、日本とは様子が違っている。征伐は断念した方がよいでしょう」

秀吉は受け入れなかった。

「自分が思い立てば、唐土四百余州を攻めつぶすことも掌《てのひら》を返すように簡単なことだ。そなたは商人故それが分からないのだ」

これ以来、秀吉から疎んじられたという。

しかし、宗室はあきらめない。義智や小西行長らに協力して、かなり際どいことまでやる。秀吉は朝鮮に対し国王を日本へ遣わすように求めたが、承知するはずがない。そこで、「天下統一を果たした秀吉の祝賀のために通信使を派遣してほしい」という内容に変えて伝えた。

だが、望みは消えた。天正二十年三月、名護屋城から大軍が出撃した。

今、城閣は残っていない。草むした城跡に残る石垣だけが、秀吉の野望と挫折を伝えている。

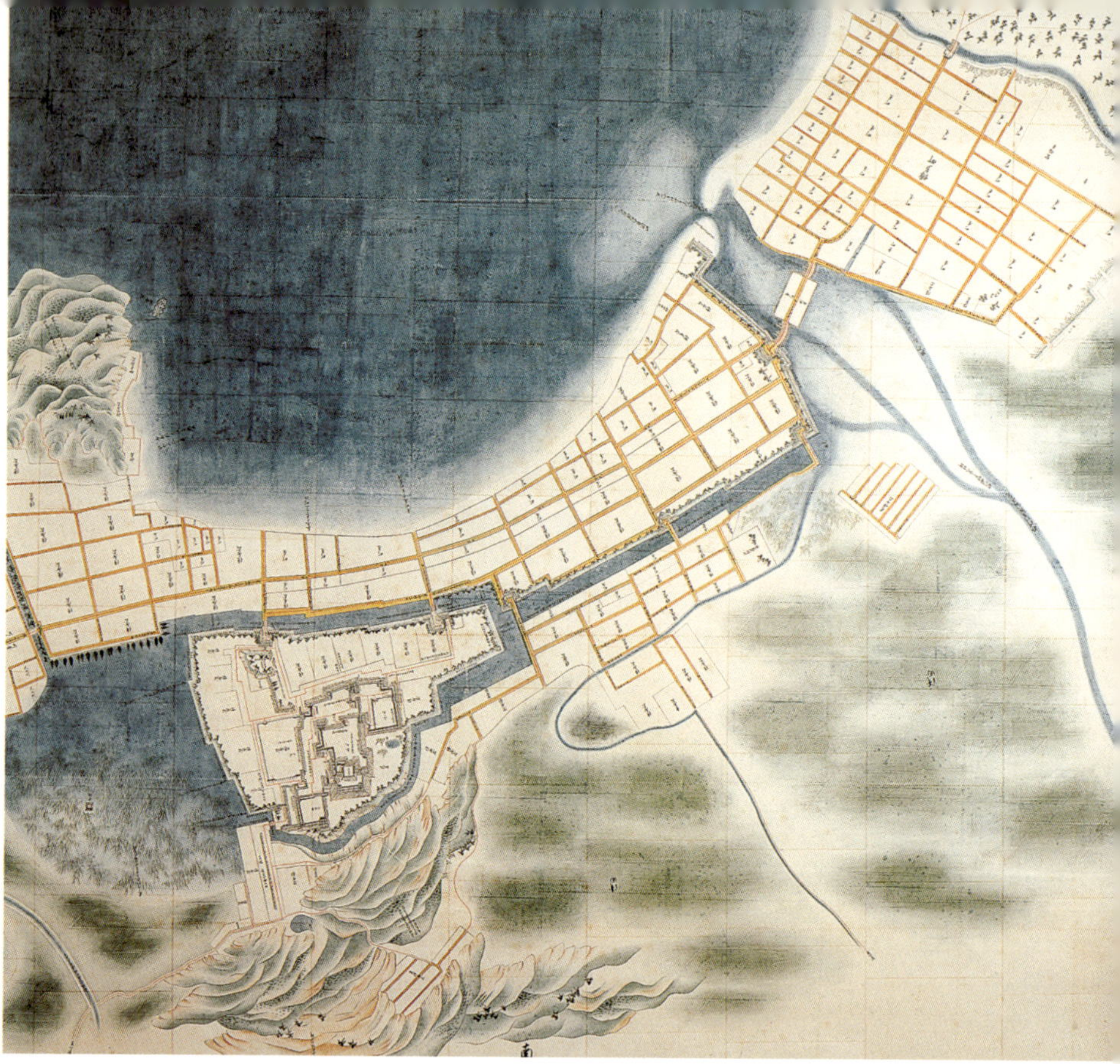

近世初期の博多と福岡が描かれた「正保福博惣図」。周りを門や石垣で固めた城下町・福岡と，川や堀で囲まれた商人の町・博多は那珂川で隔てられ，川には両町を結ぶ中島橋が架けられている。かつて鴻臚館のあった場所には，慶長６年から７年の年月をかけて築かれた福岡城が見える（部分。正保３年。福岡市博物館蔵）

秘蔵の名器を黒田家へ

慶長三（一五九八）年八月、秀吉は世を去り、七年にわたる朝鮮との戦いは終わった。それは商人たちが強力な後ろ盾を失ったことを意味した。

関ヶ原の戦いが終わり、徳川方に参じて軍功を立てた黒田如水《じょすい》、長政父子が筑前の国の新しい領主となった。商人たちは、生き残るために黒田父子に従うしかなかった。

宗湛は、茶の湯を通じて如水とは旧知の間柄だったこともあって、お祝いを申し出た。しかし、如水からは秀吉の時代とは違った、厳しい調子の返事があった。

「筑前の国は息子・長政が拝領した。博多の町民が不埒《ふらち》な行いをすれば容赦はしないはずであるから……」

徳川の天下になった今、秀吉の恩を受けた商人たちをそのまま遇することはなかった。一方で、博多の実力者である宗湛を押さえ込むことによって、筑前支配を固めようとする意図もうかがえる。

宗湛は徳川家康とも茶会で顔を合わせたことがあるが、直接会うことはおろか、将軍就任の祝いを贈ることすら、如水らに仲介を頼むほかなかった。天下の商人は、博多の一商人に戻った。

その凋落《ちょうらく》ぶりを象徴する出来事があった。

寛永元（一六二四）年、長政の子・忠之は宗湛に、秘蔵の茶入れ「博多文《ぶん》琳《りん》」を黄金二千両、知行五百石と引き換えに差し出すよう求めた。秀吉が所望しても譲らなかった名器だが、拒むことはできなかった。宗湛は黄金と知行を固辞したという。どれほどの屈辱だったか、想像できる。

宗湛は寛永十二年十月二十八日に八十二歳で没した。

宗室が七十数年の生涯を閉じたのは、元和元（一六一五）年八月二十四日だった。

宗湛と宗室――。商人の頂点に立ち、博多の栄華を築いた二人の男。

宗湛は常に秀吉のそばにいて、秀吉の意図に沿って働いた。宗室は朝鮮出兵をいさめたように、秀吉とは一線を画していた。

天下人・秀吉の意に逆らえば自分だけでなく一族の命、さらに博多の命運にも関わる。かといって、唯々諾々と従えば、いいように利用される。剣を踏むような時代を生き抜くためには、どう転んでも商いの道を閉ざされない手だてが必要だった。

正反対のような二人の行動だが、実は片方の動きを受け、それを補うような働きをしている。役回りを心得た同志のようにも思える。

商人たちは戦乱をくぐり抜けた。しかしその先に、かつて経験したことのない「鎖国」という試練が迫っていた。

唐物茶入　銘「博多文琳」（撮影：山﨑信一氏。福岡市美術館蔵・黒田資料）

神戸，函館と並んで「日本三大夜景」と言われる長崎もまた，港町として栄えた。稲佐山からは，市街地の明かりが天の川のようにきらめく（長崎市）

鎖国に抗して

狩野内膳筆「南蛮図屛風」（桃山時代。神戸市立博物館蔵）

貿易の舞台は長崎へ

秀吉の庇護のもと、商人たちは博多の町を復興させたが、その時すでに衰退の兆しは現れていた。

博多湾は遠浅で、喫水の深い船は接岸することができないが、船は大型化し、出入港が難しくなっていた。

加えて耶蘇《やそ》会（イエズス会）の影響が大きかった。宣教師たちは軍隊制度に倣った厳しい規律と組織で、反宗教改革運動と東方伝道に取り組んだ。

宣教師たちはポルトガル商人と一体となって活動した。宣教師にとっては貿易を前面に出した方が布教しやすいし、貿易商にとっては耶蘇会の権威が必要だった。

宣教師フランシスコ・ザビエルは鹿児島を経て天文十九（一五五〇）年、平戸に着いた。そこではポルトガル人が中国貿易を手がけていた。しかし、やがて仏教徒との対立が生じ、新たな港を必要とするようになる。

日本で初めてのキリシタン大名である大村純忠《すみただ》が、長崎への誘致に乗り出した。佐賀の龍造寺氏に対抗するため、貿易によって国力を強化しようという狙いもあった。当時は一漁村にすぎなかったが、深い入り江に面し、船の航行も容易だった。永祿八（一五六五）年ごろに宣教師たちは長崎へ移り、拠点を置いた。

布教に伴って貿易も盛んになり、天正年間（一五七三―九二年）、全国各地から商人たちが長崎に移り住み、天正七年ごろには十年ほど前の二倍近い二千人、四百世帯が住んでいた。

耶蘇会の巡察師アレッサンドロ・バリニャーノは『日本巡察記』に長崎の

ことを、こう書き残している。

「この地は優れた安全な海港であり、……通常ポルトガル船がこの港に来航するので、当市は日々拡大していった。……周囲がほとんど全部海に囲まれているほど海に突き出している高い岬があるので、この長崎港はよく保護されている。陸地に続く方面は、要塞と堀によって強化され、……住民はすべて、工人や商人であるから、……この地はきわめて平穏であり爽快である。……当地へは日本全国から商人が参集する」

時代を見通した博多商人がいた。

末次興善である。永正十七（一五二〇）年、宿屋の息子として生まれたとされる。末次家の養子となり、商才を開花させる。

本拠は博多に構えて、長崎に拠点を置いた。堺や秋月（福岡県甘木市）にも屋敷を持ち、自ら海を渡り、手広く交易を手がけた。ポルトガル船に対する高利の貸し金「投銀《なげがね》」によっても利益をあげていた。

興善は洗礼を受け、「コスメ」の洗礼名を持った。

人柄を示すエピソードがある。

明に渡った時、明王の子供を預かった。養子にして帰国、秋月一帯を治めていた秋月氏に仕えさせた。明王の子は、秋月の長生寺の住職になり、百二十四歳まで生きたという。

温情家で、博多から来て生活に窮した者を助け、多くの人々に慕われた。

諏訪神社から県庁に向かう大通りの途中、オフィスビルが立ち並ぶ一角に、

「興善町《こうぜん》」という名が残っている。
禅宗から耶蘇会へ、博多から長崎へ――。貿易の担い手と舞台は、大きく変わった。

長崎代官・末次平蔵

興善の二男・末次平蔵は、戦国末期、貿易の拠点として繁栄し始めた長崎へ興善とともにやってきた。屋敷には国内外の商人やキリシタンが頻繁に出入りしていた。その地で父の経営手腕を学んだ。

朱印船制度が廃止される寛永十二(一六三五)年までに、平蔵は東南アジアを中心に延べ十回、朱印船を派遣した。オランダ人からは生糸や象牙、香料などを購入した。中でも投銀で得る利益は大きかった。

平蔵の野心は商売にとどまらず、長崎代官になろうとした。代官は、幕府の天領を差配する長崎奉行の補佐役であり、貿易を直接管理する、町人最高の名誉職でもあった。

　当時の代官は、商売の勉強のために末次家に寄宿したこともある村山等安《とうあん》だった。

　平蔵は幕府に、「等安が年貢を着服している」と訴えた。等安は「平蔵こそ宣教師と結託している」と反訴したが、平蔵の主張が認められ、元和五（一六一九）年、念願の代官職に就いた。

　代官はキリシタンを取り締まる立場でもあった。「ジョアン」という洗礼名まで持っていた平蔵だが、就任と同時に信仰を捨て、弾圧を始める。

　レオン・パジェスの『日本切支丹宗門史』によると、町人を毎日二十人呼び出して棄教させた。拒絶すれば、家の戸口をくぎで打ち付け、出入りできないようにしたため、多くの人々が餓死したという。

　キリシタンを火あぶりにする時、長く苦しませるため、海水に浸した薪を使った。薪はゆっくりとしか燃えず、くすぶり続ける煙で空は真っ暗になったという。

　一方、商人としてのスケールは大きかった。

　鎖国政策によって布教と関連の深いポルトガル船の来航が禁止され、オランダが主役になった。扱う品の中でも生糸は確実に儲けることができるため、オランダは日本への輸出に力を入れていた。

上：「末次船絵馬下絵」。平蔵が奉納した絵馬の下絵。絵馬は長崎市鍛冶屋町の清水寺に残っている（現在は長崎市立博物館が保管）。20代目住職の一月（いちげつ）正人さんは「末次家が商売繁盛と航海の安全を祈願したそうです」と言う。縦１メートル，横1.5メートルもあり，帆を張って青い海を進む末次船が描かれている。「諸願成就」という文字も見え，大海原の彼方へはせる商人の夢があふれている（長崎市立博物館蔵）
右：「二十六聖人殉教記念碑」。慶長２年の日本二十六聖人殉教以来，多数のキリシタンが処刑された。モニュメントは二十六聖人の列聖100年を記念して昭和37年につくられたもので，長崎港を臨む小高い丘に立つ（船越保武作。長崎市西坂町）

平蔵はそれに着目した。生糸の集積地である台湾で買い集めた。このためオランダ商人は、末次船に高い関税をかけて帰航を妨害した。平蔵は激怒し、幕府に訴え、オランダと日本との貿易を一時中断させた。

この事件は、平蔵が幕府を動かすほどの実力を蓄えていたことを物語っている。福岡藩主・黒田長政の子・高政は、「手に入りにくいものは平蔵に相談せよ」と言っていた。当時、小倉藩の細川氏も貿易や金融の世話を受けていたと言われる。

しかし、栄華はやがて終焉を迎える。寛永七（一六三〇）年五月、幽閉されていた江戸の牢獄で、幕臣によって斬殺された。その理由は、幕府の重臣が禁制の貿易に手を出していたことを平蔵が知ったから、とも言われるが、詳細は分からない。

獄中ではキリシタンを虐待した罪の意識にさいなまれ続けた。気がふれたように、「幕府に言われるままに教徒を迫害したため神に罰せられている……」と口走っていたという。

伊藤家と投銀

伊藤小左衛門《こざえもん》吉次が生まれた地とされる木屋瀬《こやのせ》（北九州市八幡西区）は、長崎から小倉に至る長崎街道の宿場町だった。江戸時代には筑後から筑前に入る参勤交代の行列が、冷水《ひやみず》峠を越えて、黒崎を前にしばしの休息をとったところでもある。

街道に沿って流れる遠賀川の水運を利用して近郊から集まる御用米や商品の流通拠点でもあり、武士や商人、旅人によってもたらされる情報が集積する地でもあった。

こんな環境で少年時代を過ごし、やがて米穀売買や海外交易で財をなし、慶長元（一五九六）年ごろ博多に移る。

間もなく、豪商・末次宗得（平蔵の

右：備中国の地理学者・古川古松軒の『西遊雑記』より博多湾の部分。博多を訪れた印象を，「博多の地は古き湊にて，むかしは蛮船着岸し，九州第一の湊なりし。古跡所も数多にて，名所の古歌も多し。海は深からず大船今に入津ならず」と書いている（天明３年。福岡市博物館蔵）
左：「寛永長崎港図」。白いところが元亀２（1571年）に造成された内町で，地租を免除された。赤い部分が免除されなかった外町で，徐々に広がっていった（部分。江戸時代。長崎市立博物館蔵）

長男）の娘をめとる。末次家と姻戚関係になることで、商売の基礎はさらに強固になった。

平蔵の商売の拠点は、貿易都市として台頭していた長崎。小左衛門も長崎に進出する。

黒田長政も長崎での貿易をもくろんだ。金と生糸の購入に力を入れ、金は息子・忠之に残し、生糸は上方で転売した。その手足となって働いたのが小左衛門だ。藩から預かった資金を動かすとともに、商品を買い付けるために自ら海外に出かけた。

長崎に支店を持ち、国内の経営基盤も着々と固めた。大賀一族がすでに黒田藩の御用商人として確固とした地位を築いていたが、肩を並べるのに、そう時間はかからなかった。

小左衛門が経営の中心に据えたのは投銀だった。

投銀は、国内外貿易商人へ無担保、高利で銀を投資することだ。慶長末から寛永末にかけて投銀の中心になったのは、博多商人、諸藩、日本居住の中国人だった。融資はポルトガル船、朱印船、中国船、オランダ・イギリスの両商館に対して行われた。

寛永三（一六二六）年に小左衛門ら七人が連名で、貸し付けた銀の返済を請願した記録が残っている。〝投資グループ〟を組むことによって、資金を大きくするとともに、失敗した場合の危険を分散させたのだろう。

寛永十四年、小左衛門は、一族とみられる伊藤七兵衛と連名で、マカオの商人トリスタン・タバレスに金五千両を貸している。その条件は、およそ六か月で利息は三割八分、延滞料は一割増しとしていた。

利幅は小さくない。資金さえあれば相当な利益を得ることができた。商品を載せた船が沈没すれば元も子もなくなるのだが。

金五千両は銀に換算すると三百貫ほど。当時、銀千貫を持っていれば大金持ちとされていたから、小左衛門の資金力の大きさが分かる。

一方、信仰心に厚かった。木屋瀬にある八所《はっしょ》神社の再建に多額の寄付をし、長崎の清水寺にも梵鐘《ぼんしょう》を寄贈している。

遠賀川に沿って佐賀，長崎方面（写真上方）へ延びる長崎街道。宿場町・木屋瀬は昔ながらの町並みを散策する人たちで賑わう

小左衛門は、慶安二（一六四九）年に死去、妙楽寺に葬られた。
二代目小左衛門が、「悲劇の豪商」と呼ばれる吉直である。

小左衛門と密貿易

小左衛門吉直は、父・吉次とともに、木屋瀬をはじめとする長崎街道の筑前六宿を拠点として、御用米や各種の商品を扱いながら着々と蓄財した。

　小左衛門の財力を知る手がかりになるのが、中国産生糸（白糸）の輸入を統制した貿易仕法「糸割符制《いとわっぷせい》」だ。

　幕府は慶長九（一六〇四）年、長崎、京都、堺の三都市の有力商人に糸割符仲間を組織させ、長崎に来航したポルトガル船から輸入する生糸を一括購入させることにした。購入した生糸は日本国内の商人に時価で売り、その売買差益を一定の比率で仲間全員で分配する方法をとった。

　日本側が主導権を持って決めることで生糸の輸入価格を抑え、国内の値段を安定させることが狙いだった。この制度は当初、ポルトガル船の生糸のみを対象にしていたが、後には中国船やオランダ船も対象にした。

　寛永八（一六三一）年、制度は改革され、江戸と大坂の商人も仲間に加え、さらに、西国諸藩の商人にも同様の権利を認める「分国糸割符制」が導入された。対象になったのは博多、筑後、肥前、対馬、小倉の五か国。その中で博多は、西国全体の半分近い量の輸入権が認められた。

　各分国の商人への配分は、そのまま地位や資産の格付けとなった。

　寛永十年の配分の記録では、大賀一族が上位を占め、小左衛門の名はない。大賀一族を率いた宗九《そうく》と宗伯《そうはく》については後述するが、宗九は神屋宗湛、嶋井宗室と並んで博多の豪商三傑と言われた人物だ。

　その十九年後、小左衛門は大賀と並んでトップに躍り出ている。

　五十余人の使用人を抱え、十艘以上の持ち船を全国に回航させ、八万貫とも言われる財産を築いたという記録が残っている。

　しかし幕府は鎖国政策によって貿易

南蛮船模型
（天草コレジヨ館蔵）

歌川貞秀筆「肥前崎陽玉浦風景之図」。幕末の長崎港の風景。画面左には出島が描かれ，その手前には唐船が停泊している。中央が長崎の町で，右は丸山（江戸後期。長崎市立博物館蔵）

への制限を強めた。寛永十二年には、日本人の海外渡航が禁止され、外国人への投銀もできなくなった。

小左衛門は国内の商売に力を入れる。

寛永十四年、島原、天草のキリシタン農民らが蜂起し、いわゆる「島原の乱」が起きた。乱を鎮圧した後、幕府は鎖国政策を強化、寛永十八年、福岡藩に長崎警備を命じた。翌年は佐賀藩、以後、両藩が隔年で長崎警備を担当することになり、長崎港では常時、千人余りが警戒にあたった。

同じ年、平戸にあったオランダ商館が長崎の出島に移され、中国・オランダとの貿易が本格的に始まった。

この時、小左衛門は、父・吉次に代わって伊藤家の先頭に立っていただろう。

寛永十六年、幕府はポルトガル人の入国を禁止し、鎖国を完了させた。松竹秀雄・元長崎大学経済学部講師は、「鎖国以降、ポルトガル人への融資はもちろん、返済さえ許されず、渡航してきてもすぐに退去させられていたようです」と話す。

　有力な商品になった鉄を取引していた博多商人・西村九右衛門にあてた小左衛門の手紙が残っている。

「鉄が到着せず、気の毒に思っているが、ほどなく着くだろう。鉄の売れ行きは上々で、油断せずに売ってほしい」

「出雲《いずも》から使いの者が来て、これまで大坂へ積み出していた出雲鉄の売買を来春からわたくしにすべて任せると言ってきた。こんな事情だから、出雲の物産は何でも手に入りそうだ」

「出雲の物産には紙や布があるが、紙の領外輸出は藩が禁止している。現在はわずかしか出せないらしいが、できればこれも欲しいので首尾良く取り計らってほしい。出雲へは伊万里焼を売るつもりだ」

「肥前へ鉄を売りたいと思うが、問屋はだれがよいだろうか。また、販売要員に二人ほど必要なので適任を紹介してもらいたい。銅から金を搾る技術者もお願いする」

　鉄売買の活況とともに、慌ただしく駆け回る小左衛門の姿が浮かんでくる。

　黒田藩も商いに絡んでいた。小左衛門は、「福岡藩の家老・鎌田八左衛門様らの元へ息子の甚十郎を遣わせ、鉄の一件についての報告をさせるように取り計らって下さい」と九右衛門に頼んでいる。

　小左衛門は黒田藩の御用商人として各地から鉄を仕入れていたのだろう。時代は下るが、享保末（一七三六）年ごろ、領内で使用する農具や鍋などに必要な鉄は、出雲、石見《いわみ》、但馬《たじま》、隠岐《おき》の諸国から買い入れていたという記録

豊国国芳東錦絵「三升独鈷博多襠」の毛剃九右衛門の部分。小左衛門の死から50年後，近松門左衛門は歌舞伎「博多小女郎浪枕」を書いた。そこに登場する海賊の毛剃は，小左衛門をモデルにしたと言われる。海の向こうに夢を追い，そのスケールの大きさゆえに圧殺された博多商人の悲劇は日本中の耳目を集めたことだろう（国立国会図書館蔵）

がある。

また、書簡の中の「金を搾る技術者」というくだりは、小左衛門が鉄だけでなく、金の生産にも着手していたことを示している。

さらに、最近の研究によって、「伊藤小判」の存在も明らかになりつつある。どこで、どれくらいの量が鋳造されたかは不明。実際に貨幣として使用されたかどうかも明確ではない。

武野要子教授は、当時、海外で金の価格が急騰していたという背景も併せて、「伊藤小判が環東アジア海域で出回っていた可能性もある」とみている。

幕府が鎖国政策を強化していたころだ。これは何を意味しているのだろうか。

長崎県・対馬に歌い継がれている民謡が、それを解き明かすヒントになるのではないか。

伊藤小左衛門は

船乗り上手
昼は白帆で夜は黒帆
沖のとなかに
お茶屋たてて
上り下りの船を待つ

「黒帆」は、密貿易を意味する。昼、つまり表向きには、真っ当な商いをしていたが、その裏では、密貿易も手がけていたということだ。

「鍋島家文書」にこんな記載がある。正保二（一六四五）年、佐賀藩主・鍋島勝茂が臣下に尋ねた。

「福岡藩の伊藤、大賀という者たちが、黒田家に代わって長崎屋敷で長崎奉行をもてなしている。一体、何者なのだ」

小左衛門は他藩でも注目される大商人になっていた。

長崎は急速に発展し、人口急増による米不足も深刻になっていた。長崎奉行から対策を命じられた小左衛門は奔走する。

万治二（一六五九）年、不作のために米の価格が高騰した。小左衛門は直ちに、北国（東北地方）へ赴いた。米を買い集め、北国から長崎への流通ルートも開拓し、期待通りの敏腕ぶりを見せる。

武士や豊かな商家の間で奢侈品《しゃし》が普及し始めたことに目をつけ、香料や高級織物を安く仕入れ、利幅の大きな商いもした。

公家社会にも接近する。江戸時代の博多の地誌『石城志』（一七六五年）によると、京へのぼって公家に賄賂を渡し、政府の高官である「判官」の位を受けている。

小左衛門の贅沢な暮らしぶりを、物見高い長崎の人々は格好のうわさ話にしたことだろう。

「天井に錦鯉《にしきごい》の泳ぎよるとげな」

現在の長崎市五島町にあった小左衛門の店では、天井をギヤマン（ガラス）張りにして錦鯉を泳がせていたという話が残っている。それを見た町の人たちは、目を白黒させて、近所にふれ回ったに違いない。

「小左衛門さんはいつも駕籠《かご》に乗って移動しよるとげな」

そんな話もある。

駕籠に乗るのは庶民には到底まねのできないことだった。めったに人前に姿を見せなかったともいう。

小左衛門の最期

寛文七（一六六七）年十月十五日、小左衛門の悲劇が始まった。

この日、博多・浜口町の本店を切り盛りしていた小左衛門の長男・甚十郎の婚礼が予定されていた。巨万の富を蓄え、黒田藩の御用商人として権勢をほしいままにしていた一族の跡取りの門出、晴れがましい日になるはずだった。

着飾った一族をはじめ番頭、手代までが集まり、祝宴を待っていた。その席に役人がいっせいに踏み込み、約百五十人を捕縛。小左衛門以下、事件に関わった三十七人とともに、事件とは直接関係がない甚十郎も処刑した。

事件の発端は、「対馬や長崎の商人が朝鮮に武器を密輸している」との訴えが公儀に寄せられたからとも、小左衛門の手代が乗った船が対馬で難破し、密貿易品を積んでいたことが露見したからともいう。

長崎県立長崎図書館が所蔵する百四十五冊の「犯科帳」には、二百年間にわたる長崎奉行所の判決が記されている。その第一冊に小左衛門の「罪状」がある。

「筑前伊藤小左衛門　未二年四十九　未六月廿五日　長崎水之浦松平右衛門佐より召捕之　七月六日五嶋町江預置　九月四日篭舎……」

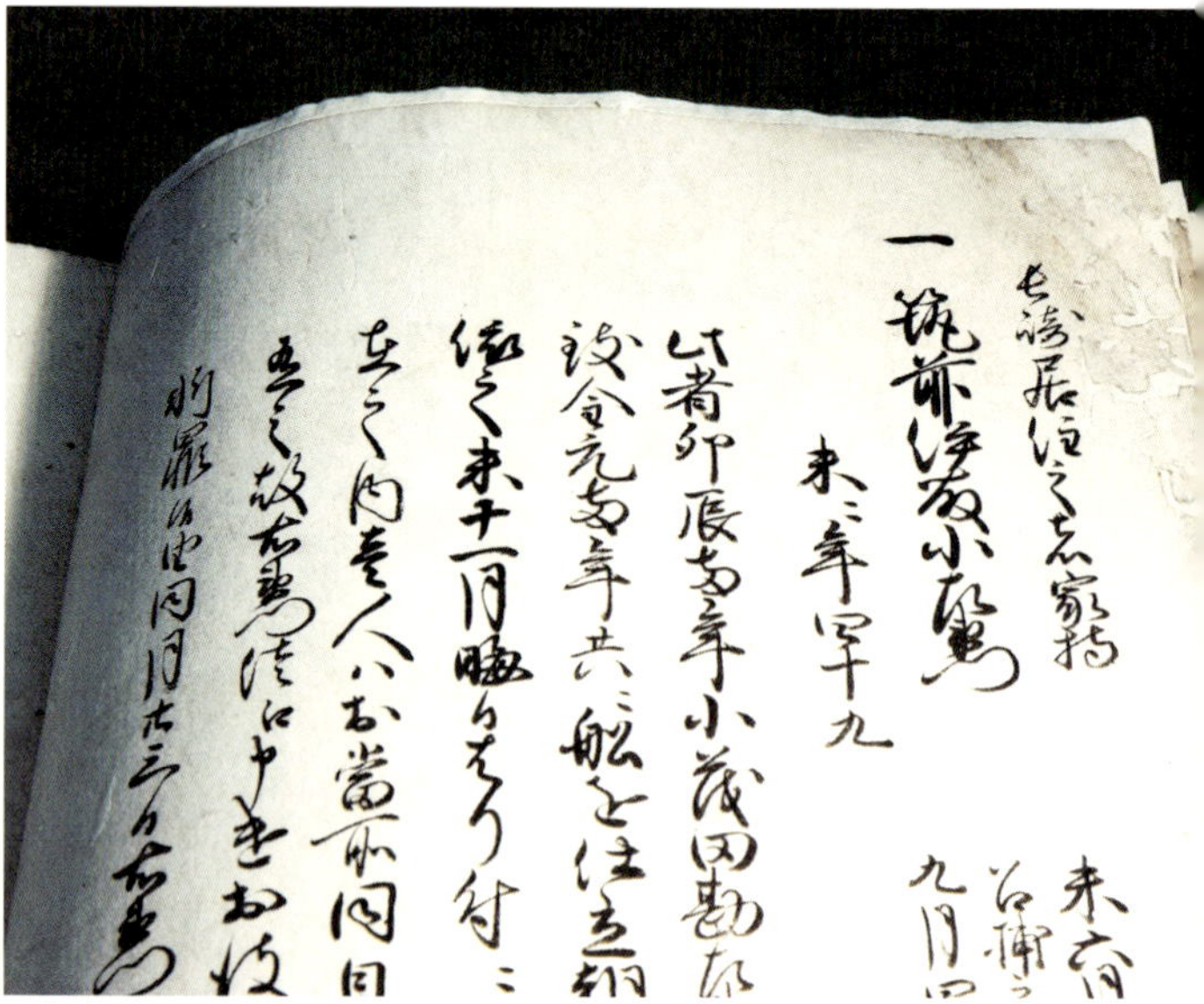

右：「十一月晦日はり付ニ」（本文３行目）。「犯科帳」には，伊藤小左衛門処刑の詳細が記されている。「10月15日は祝言なでけんとばい」。戦前まで博多には，若い婚約者にそんなお説教をするお年寄りがいた（長崎県立長崎図書館蔵）

左：十返舎一九作，渓斎英泉画『博多小女郎物語』（文政12年。国立国会図書館蔵）

密貿易は、寛文二－六年の五年間で七回行われた。二回以上関わった者もいた。罪を問われた一族、関係者は二百七十人余りに達する。

幕府や黒田藩は、関係した者に対して厳罰で臨んだ。

理由があった。

鎖国政策を強力に推し進めていた幕府にとって、貿易を長崎・出島に集中し、それを管理することは、幕藩体制確立のためにも欠かせないことだった。

それをあざ笑うかのような、大がかりな密貿易が発覚した。しかも、長崎に拠点を持つ博多商人の所業だった。寛大な処置など断じてできない。

大がかりに、計画的に密貿易を続けていた博多の豪商に厳罰で臨んだのは、自らの威信を誇示するとともに、密貿易封じ込めのための見せしめでもあった。

　黒田藩にしても同じだ。幕府の意に沿わぬ対応をしたら、当然にらまれる。藩の存亡に関わる事態を招きかねない。

　小左衛門は多くの人々に慕われていた。処刑場に連行された時、沿道の人々は店を閉めて家にこもり、仏壇の前で涙ながらに成仏を祈ったという。

　藩主・黒田光之は、藩に多大なる功績を残した御用商人とその一族を救えなかったことを悔やんだ、と伝えられる。

　福岡市博多区下呉服町のビルの谷間、隠れるような小さな一角に、万四郎神社がある。小左衛門の幼い息子・小四郎と万之助の処刑を伝え聞いた人々が、不憫《ふびん》に思って建てたものだという。

　しかし、「犯科帳」には二人を

処罰したとの記述はない。罪を免れてどこかへ落ち延び、ひっそりと暮らしたのだろうか。
　眼下に長崎港を望む高台にある稲佐町の悟真寺《ごしんじ》。朱色の山門を入ると、高さ一八〇センチほどの石碑がある。
「小左衛門の死を嘆き、後を追って海に身を投げた遊女・貞歌を祀ったものだそうです」と、木津《きづ》章史《しょうし》副住職の母・園枝さん。
　貞歌は、長崎・丸山の遊女で、小左衛門の愛妾《あいしょう》だった。石碑の下には漁師が海から引き揚げた櫛やかんざしなどが埋められているという。

黒田藩と大賀家

　福岡市総合図書館に一冊の本が所蔵されている。全体が黄ばみ、今にも破れそうな感じさえする。

右：大賀宗九像（福岡市博物館蔵）
左：「福岡図巻」。福岡城下の波奈港（はなのみなと，現・荒戸）の様子が描かれている（江戸時代中期。福岡市博物館蔵）

『商人亀鑑《きかん》 博多三傑伝』（博文館）。明治二十五（一八九二）年に出版された。筆者は、福岡商工会議所の前身である博多商業会議所書記の江島茂逸《もいつ》。「亀鑑」とは、手本という意味。嶋井宗室、神屋宗湛、そして大賀宗伯の生涯を書いている。

多くの文献を参考にし、関係者にも取材したと筆者は書いているが、偉人伝ということもあって、脚色もされていると思われる。しかし、そのころ理想とされた商人像を知るうえで興味深いので、この書に沿って、宗伯とその父・宗九の生涯をたどることにする。

上野国（群馬県）で代々大神家を名乗っていた惟栄は、源頼朝に仕えて平家討伐に従い、多くの武功をたて、豊後の佐伯（大分県東部）に領地を与えられた。その後、大友氏の重臣になったが、天正三（一五七五）年、末裔の惟信は大友の理不尽な所業に怒り、博多に出て商売を始めた。

惟信が亡くなった時、跡取りの宗九はまだ十四歳だった。家業は傾き、蓄えも底を尽き、茅葺き小屋で寝泊まりしていた。

「貧窶《ひんる》洗ふが如くなり然れども信好（宗九）夙《つと》に英邁豪毅《えいまいごうき》の材を負《お》ひ常に一家を興《おこ》し一国の経済を図《はか》るを以て心となし勤倹《きんけん》にして能《よ》く其母に仕へ大志あり」

ある年の大晦日、宗九は夢を見た。その夢に感じるところがあって、翌元旦、筥崎八幡宮に参拝。その帰り道、げたに何かが引っかかった。見ると、商売の神様である大黒天の木像だった。大切に家に持ち帰って、朝夕香火をたいて家運の発展を祈ったという。

このころ博多では、宗室や宗湛が貿易商人として華々しく活躍していた。宗九は野心を燃やした。

「武を以て家を興すは父の意にあらず宜《よろ》しく商業を以て不羈独立《ふきどくりつ》の策を建《たて》ん而して此策《このさく》を施《ほどこ》さんには海外へ航し

通商互市以て国家の富強を図る」

博多の貿易商のもとで奉公、二十年余りにわたって朝鮮や中国、東南アジアに渡り、商売人としての嗅覚を鍛えた。

中国で出会った道人（修行者）の勧めによって姓も大賀に改めた。

宗室、宗湛は、秀吉の時代に頂点を極め、江戸期に入ると翳《かげ》りを見せ始める。これに対し、宗九やその息子の宗伯は、徳川政権になって大きく飛躍する。

慶長五（一六〇〇）年、黒田長政が福岡藩主として入国した。豪商の一人に名を連ねていた宗九は、福岡城築造の際にも多額の金銀を献上した。長政の覚えもめでたく、城内の茶会に招かれたり、長政も宗九の屋敷を訪れたりした。

長政にとって、秀吉と親しかった宗室や宗湛は疎ましい存在だったのだろう。その点、立場が違う宗九を重用するのは、当然と言えば当然だった。博多だけでなく海外の事情にも通じていた宗九は、貴重な情報源になったはずだ。

元和七（一六二一）年、黒田藩は長年にわたる功績に報いるため、領内の糟屋や箱崎の土地を贈ることにした。だが宗九は、「特別な扱いを受ければ子孫が怠惰になります」と固辞したという。

三男二女に恵まれた。三男の宗伯に商才を見いだして家業を継がせ、長男と二男には資本を与えて独立させた。

寛永七（一六三〇）年、病床に伏した宗九は、息子三人を枕元に呼んだ。

「私の死後は、手元にある銀千五百貫目とマカオの支店に保管してある銀四百八十一貫余の財産を三等分しなさい」

宗伯は首を振った。

「私は末弟でありながら本家の跡を継がせてもらっています。それだけでもう十分です」

宗九は宗伯の手を取り、「おまえに家を継がせたのは深く思うところがあったからだ。今、おまえの本音を聞いて思い残すことはない」と涙を流したという。

同年五月十三日、その生涯を閉じた。享年六十九。墓は幻住庵（博多区）に立っている。

島原の乱と宗伯

寛永十四（一六三七）年秋に起こった「島原の乱」は、半島一帯を戦場とした。農民ら三万七千人が犠牲となり、幕藩体制を揺るがせ、以後二百年にわたる鎖国政策を決定づけた事件だった。宗伯にとっては、黒田家の御用商人として確固たる地位を占めるきっかけになった。

凶作が続き困窮した島原の農民が、過酷な年貢取り立てに反発して蜂起。海を隔てた熊本・天草でも一揆が起こり、島原勢と合流した。

幕府は驚愕した。なお諸藩でくすぶる反徳川勢力への広がりを恐れた。近隣各藩に出兵を命じ、福岡藩は二万の軍勢を送り込んだ。

宗伯は伊藤小左衛門とともに、黒田藩から、兵の輸送や食料の調達を任され、戦場に行くことになった。

宗伯は、商人で木砲《もくほう》（木製の大砲）づくりの名人・高原五郎七に木砲を多数つくらせ、大量の火薬を携えて福岡藩の兵士とともに島原へ向かった。

宗伯の部隊は最前線に赴き、一夜のうちに土嚢《どのう》を積み上げ、すき間から木砲を撃ちまくった。

一揆勢は島原半島の南部にある原城（南有馬町）に立てこもり、圧倒的な武力を有する幕府、諸藩の軍に対し果敢に戦った。残虐な拷問と刑罰に対するキリシタンの怒りと信仰心が、精神的な支えになっていた。

包囲軍の総大将・板倉重昌《しげまさ》は戦死、老中・松平信綱《のぶつな》は自ら現地で指揮を執った。戻っていた博多で命を受けた宗伯は、博多港に停泊していた持ち船に、土嚢用の俵《たわら》などのほか、数十個の酒樽を積み込んだ。兵士をねぎらうためだった。

この時、宗伯、二十七歳。

籠城から三か月後の寛永十五年二月末、食料も弾薬も尽き果てた一揆勢に包囲軍が一斉に襲いかかり、城内にいた農民はもちろん、老人や女、子供まで全員を処刑した。

それから九年、国内外へのキリスト教禁圧はますます厳しくなり、鎖国政策も強化されていた。

「正保四年長崎警備図」。正保4年にポルトガル船が長崎港へやってきた時の日本側の警備状況を描いたもの。西国諸大名約5万人の軍勢が動員され，船をつなげた橋で港口を封鎖。中央のポルトガル船2艘を黒田水軍が取り囲んでいる。湾岸に描かれた大名家の陣所の幕には，さまざまな家紋が見える（江戸時代中期。福岡市博物館蔵）

ポルトガル船二艘が長崎港に入港した。

この年は福岡藩が長崎警備の当番だった。いつものように、掲げている旗によって合法な貿易船かどうかを調べる「旗合わせ」が行われた。

調べの結果、禁制船で、武装していることも判明した。しかも、来航の目的は開国を迫るためと分かった。長崎奉行から通報を受けた幕府は、筑前、肥前をはじめ、西国の諸藩に警備を命じた。

福岡藩主・黒田忠之は三百余艘の船、一万の兵を率いて出陣した。宗伯と小左衛門は、島原の乱にならって軍に従った。

長崎に着くと、幕府はポルトガル船を焼き払うようにと指示してきた。そのためには大量の焼き草を集めなくてはならない。肥前の軍は、領地が近いので素早く確保できる。筑前は遠い。「肥前に後れをとってはならない」。忠之は焦った。

藩主の心中を察した宗伯の行動は素早かった。長崎港からほど近い伊奈佐郷（長崎市稲佐町周辺）の住家を買い取り、一夜のうちに屋根の茅、わらを集めて焼き草を調達した。

結局、幕府は、以後宗門を広めないとの確かな証拠がないので、今後とも堅く渡航を禁ずるとして、速やかな帰帆を命じたという。

焼き草は必要なくなったが、忠之は宗伯が窮地を救ってくれたことを忘れなかった。宗伯の功績を称《たた》え、家紋入りの陣羽織を与えた。

余談になるが、陣羽織には火薬が塗ってあったという。忠之は自ら出陣し、万一の場合、自爆する覚悟だったのだろう。

宗伯は博多・呉服町にあった家で病死したと言われる。五十五歳だった。ポルトガル船の一件以降の足跡を記した史料は少ない。

出島に巨額投資

出島は鎖国時代、西欧と日本を結ぶただ一つの窓口だった。敷地は陸地から突き出た扇の形で、東西七〇メートル、海側の長さが二三〇メートル、陸側は一九〇メートルあった。寛永十三（一六三六）年、貿易を統制することを目的として築造され、安政六（一八五九）年まで西欧に開いた唯一の窓口として経済や文化の交流拠点となった。

なぜ扇形か。

ドイツの医学者、博物学者で、長崎に滞在したシーボルトが著書『日本』に書いている。

「今度長崎に造る島の形はいかがいたしましょうか」

問われた将軍・徳川家光は自ら扇を出し、「この形にせよ」と命じたという。

異説もある。

付近を流れる中島川の河口に土砂が堆積して扇形に広がった砂州《さす》を土台にした、あるいは波による影響を少なくするため海側を弧状にしたともいう。

建設費用は銀二百貫目。貨幣に換算すると四千両、現在の四億円ほどにあたる。

莫大な費用を出したのは、出島町人と呼ばれる二十五人の豪商だった。宗伯の兄・九郎左衛門もその一人だった。

出島には長崎にいたポルトガル人が集められた。豪商たちは出島の賃貸料を取ることで資金を回収するもくろみだった。ところが鎖国政策が強化され、ポルトガル人も追放されたことで、賃貸料の当てがはずれた。

豪商たちは黙っていなかった。

「幕府の命によって巨額の資金を投じて出島を造ったのに、これでは丸損ではありませんか」

幕府に強く抗議、そのころ平戸にあったオランダ商館を出島に移すよう求

めた。幕府は応じた。商人たちが政治にも強い力を及ぼしていたことがうかがえる。

長崎歴史文化協会の越中哲也理事長は、「博多商人が出島建設に力を発揮したように、長崎はさまざまな面で博多の影響を受けている。西欧への窓口であった出島と博多の文化が融合したのが、長崎の文化であると言っていい」と指摘する。

上：シーボルト著『日本』より長崎港の眺望。出島が手前に描かれている（福岡県立図書館蔵）

左：出島に入るための許可証・門鑑。木製で出島乙名の印がある（長崎市立博物館蔵）

長男の善兵衛も、二男の九郎左衛門も有能な商人だったようだが、大賀家を継いだのは三男の宗伯だった。この三兄弟は、それぞれ上、中、下を冠し「三大賀」と言われた。

ただ中大賀・九郎左衛門の息子は、後に密貿易の嫌疑を受けて処刑された伊藤小左衛門の娘を妻にしており、子供もできなかったため没落した。

上大賀、下大賀は藩主に忠義を尽くし、「大賀並」、「大賀次」といった町人の格式の基準にもなった。

『筑前名所図絵』で知られる文人・奥村玉蘭《ぎょくらん》は大賀とつながりがある。

大賀の先祖とともに博多に移り、博多での初代・奥村弥右衛門は大賀家の持ち船・飛竜丸の船長としてシャムへ行ったこともある。息子（二代目）は島原の乱で、宗伯に従って出兵した。その孫で四代目にあたるのが玉蘭で、当時でも間口二十六間の店を持ち、醤

長崎くんちでは，屈強の男が重さ130キロもある「傘鉾（さかぼこ）」をかかえて町を練り歩く。ルーツは博多松囃子という（長崎市興善町）

油醸造を営んでいたという。

「博多三傑」と言われた嶋井宗室、神屋宗湛、大賀宗九をはじめ、海外交易や貿易への投資によって財をなした博多商人は「初期豪商」と呼ばれる。

豪商たちは大海原の向こうに夢を求めた。命を落とす危険を冒してまで漕ぎ出した理由は、海のかなたに莫大な利益があることを熟知していたからだ。海外からの商人も温かく受け入れた。

そこに立ちふさがったのが鎖国政策だった。「世界」を相手にしてきた初期豪商が、閉ざされた国内経済システムの枠内に収まることは到底できなかった。

一方で国内の産業構造は大きく変わろうとしていた。生産活動が盛んになり、さまざまな商品の売買が広域的に行われるようになった。発達する流通経済は新しい担い手を求めていた。

「問屋商人」が登場する。

問屋商人の誕生

江戸時代半ば、農村では商品作物の生産が盛んになり、これらを扱う在郷の商人が、城下町の商人に対抗するようになった。その一つが、櫨《はぜ》だ。庶民の間にも灯火が普及し、菜種油より安全な燃料として、櫨蠟《はぜろう》の商品価値が高まった。

享保の大飢饉後、福岡藩は櫨の栽培を奨励した。荒れた畑や土手に櫨を植え、寛政八（一七九六）年には、博多にも「蠟座」を設置し、大坂での専売制をとった。このころ、大坂に集まる蠟のうち八割が筑前国の産だったという。

大坂に諸藩の蔵米や特産物が集まり、城下町市場を中心に藩の商品経済が動く、新しい流通の形態が確立していた。

米の生産が増えるのに伴って、農民は余った米を売って現金を持つようになる。

武野要子教授は、「農民が新たな消費者として歴史の表舞台に出てきたことによって、商品流通も転換点を迎えた」と指摘する。

新たなタイプの商人が現れる。自ら製造や販売を手がけ、生産地から遠く離れた消費地に商品を売るために仲買をするようになる。それが「問屋商人」である。

蠟の製造・販売から、鋳物や鉄山経営まで多角的な経営をした博多商人の瀬戸家もそうだった。

瀬戸家の由緒書によると、祖先の出自は、鎌倉の瀬戸大明神の神官で、戦乱を逃れて筑紫国に移ってきた。その後、博多の土居町に居を構え、鍋、釜などを鋳造・販売する鋳物師として財をなした。しかし、元禄年間（一六八八－一七〇四年）に、商家としての歩を踏み出している。

その理由は、元禄十二年、藩が深見

川崎源太郎編『筑紫名所豪商案内記』より深見鋳造所（明治18年。国立国会図書館蔵）

櫨の実を粉砕し，蒸して油分を搾り取ると，透き通った深緑色の櫨蠟が抽出される。県内で製造しているのは１か所という荒木製蠟は，辰二さんで７代目。櫨の実を集める費用がかさむこともあって生産者は減っているが，荒木さんは，「神社仏閣ではずっと使われてきました。西洋蠟燭に比べ，すすが少なくて幽玄な炎を出します」と語る（福岡県高田町）

甚兵衛ら十人を鉄問屋、釜屋座に選んだ時、その中に入れなかったためと思われる。その後、櫨蠟づくりに転じた。なぜ蠟を選んだのだろうか。

嘉永三（一八五〇）年創業の荒木製蠟社長・荒木辰二さんは、「鋳物には蠟型を使う製法がある」と言う。蠟で型を作り、その型を耐火物で包んで熱すると、蠟は溶けて蒸発する。その中に金属を流したのだ。この方法は古代からあり、現在でも鋳物に使う蠟の注文があるそうだ。

瀬戸家はそういった鋳造との関連もあって蠟生産を始めたのだろう。博多の蠟をとりまとめる六人の「年番」の一人にも選ばれた。年番は、品質や生産量などを見きわめることができる能力を持つ、いわば、蠟生産工場の代表だ。業種転換は成功した。

安政二（一八五五）年には、大坂の生蠟問屋との取引を受け持つ「生蠟仕組御用」に任じられて大坂にのぼるよ

うになり、販路も広げていく。

五代目の時には、深見家から妻を迎えている。表向きには鋳物から手を引きながら工場は維持、深見家と姻戚関係を結んだのを機に、その「第二工場」としての機能を果たすなど、鋳物師としての実は、しっかりと取っている――。

実際、その効果を裏付けるような瀬戸家の繁栄ぶりが、当時の人の目で描かれている。小倉藩士で国学者の西田直養《なおかい》が残した紀行文『筑紫日記』の安政四年三月の記述だ。

「瀬戸惣右衛門細工場を見しに、鋳物師においては随一なるべし。三都にてもかゝる大家は見ず」

瀬戸氏は、豊かな資本と技術によって、大規模な工場経営をしていたと考えられる。

瀬戸家の鉄山経営

金物の販売と蠟生産で富を蓄えてきた瀬戸家は、嘉永七（一八五四）年、福岡藩の御用商人になった。

蠟の上方での販売をはじめ、中国やオランダに蠟を輸出するための長崎港への運送、長崎警備のための銅・鉄器類の調達など、藩の政治・経済にとって重要な部分を担った。

藩御用とは別に、加賀の豪商・銭屋五兵衛を通じて蠟の販路を全国に広げていった。大坂へもしばしば足を運び、銑鉄を売りさばき、西海捕鯨の組主には、船修理のための釘も販売している。

そうした仕事ぶりに加えて、藩への高額の献金が瀬戸家の信用を確かなものとした。安政四（一八五七）年、町人の格式で事実上の最高位である「大賀並」の地位についた。

これに先立つ嘉永六年、三百年の太平の眠りを覚ます大事件が起きていた。黒船の来航。アメリカ東インド艦隊司令長官ペリーは、日本に開国を迫った。開国か攘夷か、国論は真っ二つに割れ、幕府の屋台骨がきしんだ。朝廷は各藩に京都の警護を命じた。

警護にあたる福岡藩士の宿泊や食料の手配を請け負ったのが十代目・瀬戸甚左衛門《じんざえもん》（惣右衛門《そうえもん》）だった。甚左衛門は幼い時に先代を失い、親類の喜助を後見人として育った。

喜助は天保十二（一八四一）年、藩から「鉄山」の設立見積書を依頼される。鉄山は製鉄所のことだ。製鉄の先進地・石見国《いわみのくに》の鉄山関係者とも取引があり、鉄山経営にも知識があったことを見込まれたのだろう。

それから十三年後、藩は犬鳴《いぬなき》山中（福岡県若宮町）に日原《ひわら》鉄山を、その

翌年には真名子《まなご》鉄山（北九州市八幡西区）を開いた。今、その跡は残っていないが、当時国内でも最大規模の設備を持ち、原料は、現在の遠賀郡や糟屋郡にかけての海岸の浜砂鉄を使ったとみられる。

だが、藩による経営はうまくいかなかった。浜砂鉄の産地から遠かったうえ、品質の面で山陰の鉄には及ばなかったためだろう。

しかし、切迫する政治情勢は待ったなしで鉄の増産を求めていた。

開国を迫るアメリカの脅威に、幕府は、沿岸を守るための大砲を必要としていた。だが、急速に鉄を増産することはできず、寺院の梵鐘などを溶かして大砲を造るよう各藩に命じた。諸藩は、競い合うように大砲を鋳造した。福岡藩も同様だった。

藩は文久三（一八六三）年、甚左衛門に「鉄山支配方」を命じ、危機に瀕した経営の立て直しを期待した。

瀬戸家が乗り出してからの二年間、藩は経営資金として銭一万余貫、銀二万余貫、金三百両余りを瀬戸家に支払っている。藩の投資も巨額だが、経営を引き受けた瀬戸家の出費はこの数倍に及んだという。経営再建がいかに困難だったかを示している。

しかし、ついに再建はならず、両鉄山は十年ほどで閉鎖された。

「瀬戸家文書」の中に、甚左衛門が藩に鉄山経営を願い出た文書がある。自ら望んだことだったようにもみえるが、同文書の研究をしている村尾輝雄さんはその見方に否定的だ。

「開設当初から藩営の鉄山に協力し、その業績不振を熟知していたはずの甚左衛門が、自ら願い出るとは考えられない」

願い出の形をとりながら半ば強制的だったのか、それとも、博多の商人として放置できない事態に映ったのか。いかに豪商とはいえ、巨額の赤字を

画面右に描かれている建物が第十七国立銀行（『筑紫名所豪商案内記』より。国立国会図書館蔵）

抱えた鉄山経営は、瀬戸家にとって大きな痛手だった。それでも、幕末から明治四（一八七一）年までの十四年間で、福岡藩に対する寄付米は、藩内の商人の中では最も多い二千俵にも達している。

福岡藩贋札事件

日本に押し寄せてきた急激な近代化の中、瀬戸家は新たな試練に直面することになる。

明治四（一八七一）年、瀬戸家十三代の惣太郎や、佐野弥平、末松政右衛門らは連名で国立銀行の創立願を出した。中心メンバーは博多商人だった。この数か月後に、第十七国立銀行（現・福岡銀行）が誕生、橋口町（福岡市天神）近くで業務を開始した。

資本金は十万五千円で、一株五十円。佐野と末松が各四百株、惣太郎が六十株を持った。頭取には佐野、取締役に末松と惣太郎が就任した。佐野も惣太郎も蠟商人だった。

この年、大事件が起きた。いわゆる「福岡藩贋札《がんさつ》事件」である。藩は幕末から財政窮乏に苦しんでいたが、戊辰戦争（一八六八年）による出費がかさみ、さらに逼迫《ひっぱく》した。

何とか打開しようと、政府発行の紙幣・太政官札を福岡城内で偽造した。当時、他の藩も財政難は似たような状況で、同様に偽札づくりを行った藩もあるとされるが、政府は福岡藩だけ厳しく咎めた。

明治四年七月二日、藩首脳五人は死刑、藩知事・黒田長知《ながとも》は罷免という処分が下りた。同日、新知事に有栖川宮《ありすがわのみや》熾仁《たるひと》親王が任命された。

処分直後の七月十四日に全国的に廃藩置県が断行されており、福岡県は全国に先駆けて廃藩させられたことになる。

藩をよりどころにしていた瀬戸家ら

御用商人たちも、大きな打撃を受けた。

近代化の波は、明治末期から大正初期にかけて、博多の商人たちにも容赦なく押し寄せてきた。櫨蠟は、西洋から入ってきたパラフィンを原料とする蠟燭《ろうそく》に押され、衰退の一途をたどった。

追い打ちをかけるように、ガス灯や電灯が普及した。新しい文明に呑み込まれるように、大正半ばまでに製蠟業者は姿を消した。

瀬戸家も、流れに抗することはできなかった。

福岡市南区に住む瀬戸民也さんは、惣太郎の孫で、十五代目にあたる。同市の妙円寺にある代々の墓を守っている。

惣太郎は民也さんが生まれる前に亡くなっており、写真で知っているだけだが、背広を着て、ロシアで購入した帽子をかぶったおしゃれな人という印象だった。

幼いころ、自宅に墨書された一枚の「心得」があったことを覚えている。家のどこかに貼られていたようだった。「火の用心」や「主人は皆の先頭に立って仕事をせよ」などと書かれていた。

「足袋に布を重ねて縫いつけ、それがすり切れるほど動き回っていた」という祖父の姿をよく聞かされた。

瀬戸家は「釜屋」を屋号にし、五代目から十代目まで「惣右衛門」を名乗った。そこから親しみを込めて「釜惣さん」と呼ばれることが多い。

民也さんの父・敬三さんは三男。瀬戸家では代々、長男以外の子供を養子に出すのを習わしとしていた。敬三さんも筥崎宮近くの家に養子に出され、土木技師になったが、長男、二男が若くして亡くなったために呼び戻された。民也さんは筑豊の炭鉱の技術者として働き、戦時中は飛行機の燃料にするため石炭液化の研究に従事した。その後は公務員になり、現在は親類にも商売をしている人はいない。

瀬戸家の商いについて、興味深いことを話してくれた。

主力商品だった櫨蠟の原料確保の方法だ。櫨の苗木を無償で農家に渡して栽培してもらい、収穫した櫨を買い取っていた。農家にとっては、元手がいらず確実に買い取ってもらえるし、商家にとっては原料を安定確保できるという利点がある。今で言う「委託栽培」だ。

「現代の総合商社のやり方の原形と言えると思います。博多の商業の中で、近代への先陣を切る役割を果たしたのではないでしょうか」と、民也さんは少し誇らしげに語った。

中村家家訓・大意

福岡大学研究推進部には、「中村家文書」六十五点が保存されている。中村家は、江戸後期から大正初期にかけて穀物の売買から金融まで幅広く営ん

清三が子孫に残した「大意」は，地道な商いを説く経営論から厳しくしつけることを勧める教育論にまで及ぶ（福岡大学研究推進部蔵）

だ商家で、子孫の中村正孝さんが昭和三十五年ごろ同大学商学部に学生として在籍したことから、父の清之助さんが代々受け継がれてきた資料を寄贈した。

　その中の一つ「大意」は、初代中村清三が嘉永三（一八五〇）年、六十五歳の時に自らの半生とともに記した家訓だ。

それをもとに中村家の歩みを追ってみよう。

　清三は左官を家業とする三人兄弟の二男として生まれた。二十二、三歳のころ、将来のことを考えたと書いている。

「兄弟三人で得意先を分け合えば、それぞれの仕事は少なくなり、互いに将来はおぼつかない」

こう考え、「商売を始めたい」と父親に頼むと、賛成してくれ、「榎《えの》実《み》屋」と屋号まで付けてくれた。庭にあった大きな榎のように実れ、という願いを込めたのだろう。

　資金として銀一貫目を出してくれたので、それを元手に穀物の仲買を始めた。

「わずかの口銭を得ようと暑さ寒さをいとわず、寝食を忘れて東奔西走した」

　二十八歳で分家、さらに商売に精を出し、三十七、八歳のころには、かなりの蓄財もできた。

　このころ、福岡藩は銀二万貫の借金を抱えていたと言われる。

「我が一代で銀一万貫の身代に成長し、それを御上へ差し出せば御上は助かるし、自分はいただいた扶持《ふち》で子々孫々困ることはないだろう」

　そう考えた。一万貫には及ばなかったものの、五千貫の献金をした。

しかし、思わぬ陥穽《かんせい》もあった。文政十一（一八二八）年、藩が発行する銀札の保証人である「御仕立役《おしたてやく》」となったが、讒言《ざんげん》のため、牢に入れられてしまったのだ。

間もなく無実は証明されたが、「こんな目に遭うのは仲買商をやっていたからだ」と考えた。しばらくして始めた金銀の貸し付けは順調で、町役人の筆頭である年行事にまでなった。

醤油業も手がけた。櫛田神社に保存されている「店運上帳」には、糀室《こうじむろ》に対する運上銀（営業税）として二十五匁、醤油に百二十匁、酢に十匁納め、冥加銀《みょうがぎん》も二百四十匁上納した記述があり、経営が軌道に乗ったことがうかがえる。

商売の心がけについても書いている。

「万事深く思案を巡らし、家業を怠らず、正路に地道を心がければ、繁栄する。御上から御用金を仰せつかったら、相応につとめるようにして、国恩に報いよ」

経営者としての誠実な姿勢を感じさせる。

さらに教育論にも及ぶ。

「子供を寵愛して気ままに育てると、成長した後に商売をおろそかにするようになる。厳しく育てなければならない」

清三は七十一歳で、息子の利三郎（二代目中村清三）に家督を譲った。

利三郎は、一万両を藩に献納し、永代五十人扶持を与えられている。

武野要子教授が子孫の中村清次郎さん（故人）から聞いた話では、明治になってから清次郎さんの父が東京の旧黒田藩邸を訪れた時、「そちらには当家が大変お世話になったそうで、お礼を申し上げます」と当主から言われたという。それほど藩へ貢献したということだ。

中村家資料の中に興味深い文書があった。門前に捨てられていた子供を養育したことを「奇特なこと」と記す奉行所からの書状だ。明治二（一八六九）年までの十一年間に十七通もある。二代目は大正二（一九一三）年に、九十六歳で亡くなった。

中村家が商人として成功したことについて、「大意」を翻刻した藤本隆士・福岡大学名誉教授（近世日本商業史）はこう語る。

「清三は家業を継がずに商売を始めた。兄弟のいずれかが失敗しても、ほかの道で生き残ることができるという考えだ。商売でも、醤油や金融業など、多角的に展開した。どれかがうまくいかなくても、ほかの業種で挽回できるという同じ発想だろう」

「大意」に託された思いは、時代の変化に対応する経営のあり方、そして商いを通じて世の中に貢献することの大切さではなかったのだろうか。

祝部至善（ほおりしぜん）の「明治博多風俗図」おきうと売り，あぶってかもう売り。振り売りの様子が描かれている（福岡市博物館蔵）

商人たちの日常

博多川と那珂川は、福岡市の中心部を東西に分かつように博多湾に注いでいる。東側が貿易港を中心に古くから栄えた商人の町・博多。西側の福岡は武士の町だったが、十八世紀半ば、街道筋を整備する目的で商家を移転させたため、次第に大小の店が増えてくる。

筑前国の国学者・伊藤道保《みちやす》が残した『筑紫遺愛集』（一八六八年）は、十七世紀半ばから幕末にかけての孝行、貞節といった庶民の善行の記録で、福博の商人たちの日々も描かれている。

中村清三ら大商人の記述もあるが、多くは小さな商いを営む人々で、庶民の暮らしぶりをかいま見ることができる。

薬院町（現在の天神・大名付近）の新助は――。

「馴たる魚を商ひ、朝とく買出しに行て、終日商ひ、はつかの売代を以て、孝養の助とし、生業に心を励まし、借財もほと〳〵に済せしとそ」

店舗を持たず、魚を入れたかごを竿で担いで町を売り歩く「振り売り」をしていた。朝早く魚市場へ出かけ、一日中売り歩いていたのだろう。

「父の側に付添、看病せしとなん。彼是志宜敷、奇特の者なる趣」

奥小路町（奈良屋町付近）に住む八十吉の父は、塩や油などを農村に売りに行く「志荷《しか》商人」だったが、「商売不景気」のうえに年老いてしまった。八十吉はまだ幼く、遠くまで商売に行くことができないため、近隣で魚を売り歩いた。

野菜や薬、飴売りなど、さまざまな業種が出てくる。土木作業や船着き場での荷揚げ手伝いなど、日雇いの力仕事も多かった。ほとんどの人に「貧窮」、「いと貧しく暮らしける」といった記述が見られる。

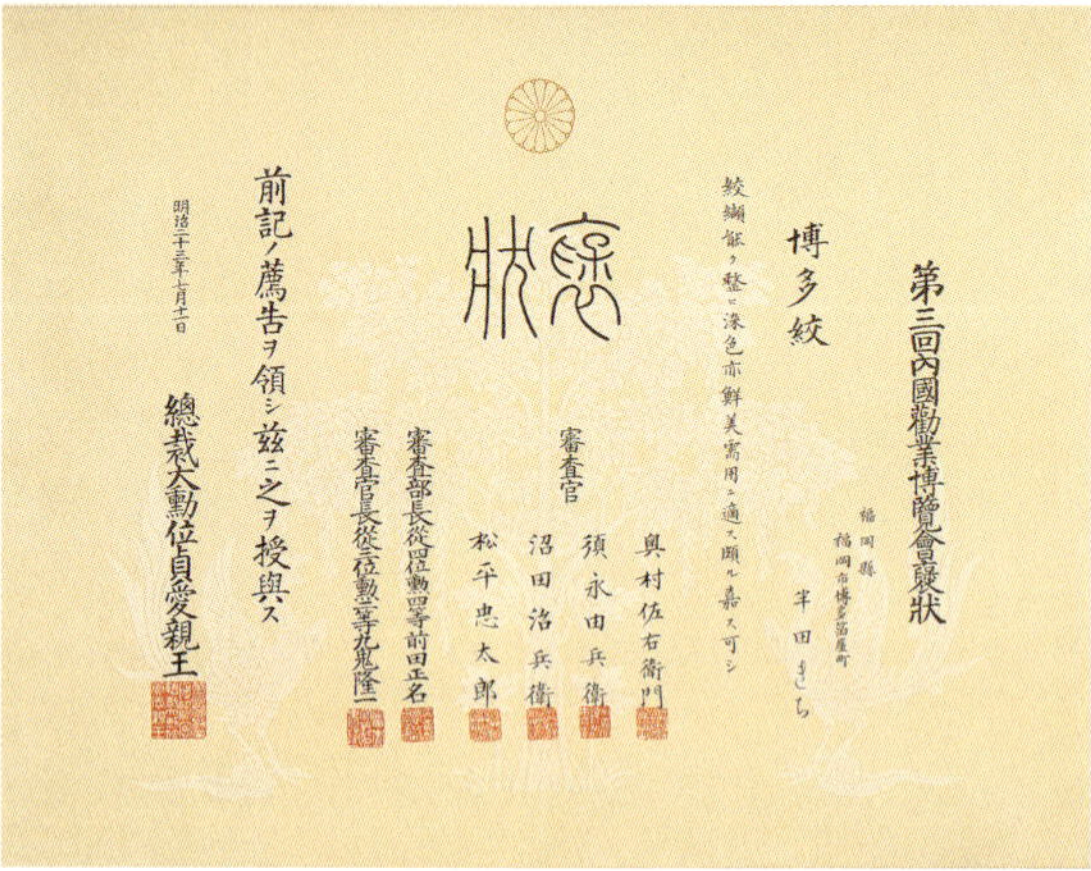
第三回内國勸業博覽會襃狀

福岡縣
福岡市博多箔屋町
半田きち

博多紋

絞繍飫ク整ヒ染色亦鮮美需用ニ適ス頗ル嘉ス可シ

審査官
奥村佐右衛門
須永田兵衛
沼田治兵衛
松平忠太郎

審査部長従四位勲四等前田正名
審査官長従三位勲二等九鬼隆一

襃狀

前記ノ薦告ヲ領シ玆ニ之ヲ授與ス

明治二十三年七月十日

總裁大勲位貞愛親王

上：明治23年に開かれた第３回内国勧業博覧会の錦絵（福岡市博物館蔵）
右：第３回内国勧業博覧会の褒状。博多箔屋町・博多絞の半田きち宛（福岡市博物館蔵）

慶応二（一八六六）年の「店運上帳」によると、一年間で銀三–十五匁の運上銀が魚屋に課せられているが、貧しい人々は税を免除されていたようだ。運上帳に記載されているほかに、多数の零細商人がいたことが想像できる。

職人についても書かれている。

祇園町に宗七という陶工がおり、「素焼《すやき》」の製造・販売で銀二十匁を納めている。祇園町には、宗七のほか、陶工と素焼が十数軒載っている。

素焼は、博多人形に深いつながりがある。

博多人形は、黒田長政が十七世紀に、播磨国（兵庫）から筑前に連れてきた瓦師・正木宗七が、瓦町（現・祇園町）で始めた「宗七焼」など、いくつかの焼き物などがもとになって生まれたとされる。

四代目の正木宗七は「宗七焼」、「博多焼」と呼ばれる素焼物で有名になっ

かつて船問屋や相物問屋などが軒を連ね，商人たちが行き来した須崎町には，当時の風情が残る（福岡市博多区）

た。宗七に弟子入りした陶工・安兵衛の息子・吉兵衛が彫塑の技術を学び、その子の吉三郎とともに、現在の博多人形の基礎を築いたという。

「店運上帳」に書かれた宗七が、何代目かの正木宗七本人か、または親族であることは十分考えられる。「店運上帳」には、「素焼人形」の吉兵衛が銀十匁を納めたという記載もあり、関連性をうかがわせる。

陶工たちが瓦町や祇園町で地道に育んでいた素焼の技術が実を結ぶのは、この後、明治に入ってからだ。明治二十三（一八九〇）年に東京で開かれた「内国勧業博覧会」に出品され、博多人形の素朴で繊細な美しさが全国に知られるようになる。

「店運上帳」を見ると、同じ業種が集まっている地域がある。綱場町には櫛職人、北船町には鍛冶職人、辻堂町にはコマ職人……。作ったものは店先で売っていた。

同様に商家も軒を並べていた。鰯町は、現在の須崎町、対馬小路。かつて相物（魚）問屋、船問屋などがあった。博多川沿いには魚市場があり、毎日競りが行われていたという。

長崎で貿易をする権利を与えられた「本商人」の真玉《またま》家（石見屋）も、鰯町で商売をしていた。ほかにも、対馬屋、壱岐屋といった大商人がいた。

鰯町の商人が慶応二年に支払った運上銀は一万五千九百九匁で、他町に比べて非常に多額だ。魚の卸や小売りを営む大店が多かったことを示している。

今、ビルやマンションが立ち並ぶ対馬小路付近には、海産物問屋数軒があり、当時をしのばせている。

前田虹映筆「福岡・博多観光鳥瞰図」(部分。昭和15年ごろ。福岡市博物館蔵)

夢を紡ぐ

機略縦横・渡辺与三郎

幕藩体制が崩壊する幕末。じっとその機をうかがっていた男がいた。渡辺与三郎――。今も福岡市中心部に、「渡辺通」として、その名を残す渡辺与八郎の父である。

慶応二（一八六六）年、大坂の富豪が民衆に襲われるという事件が起きた。襲撃を恐れた富豪は、店の品を安値で売り払おうとした。三十六歳の与三郎は、これを逃さなかった。投げ売りされていた反物を、有り金をはたいて買い集め、船いっぱいに積み込んだ。

途中、瀬戸内海を封鎖していた長州軍の検問を受けたり、奇兵隊に捕らえられたり、危うい場面もあったが、積み荷とともに無事に博多へ着いた。商品は飛ぶように売れた。

「乾いた田に水を引くように一両日で品切れになった。利益も相当なものだった」

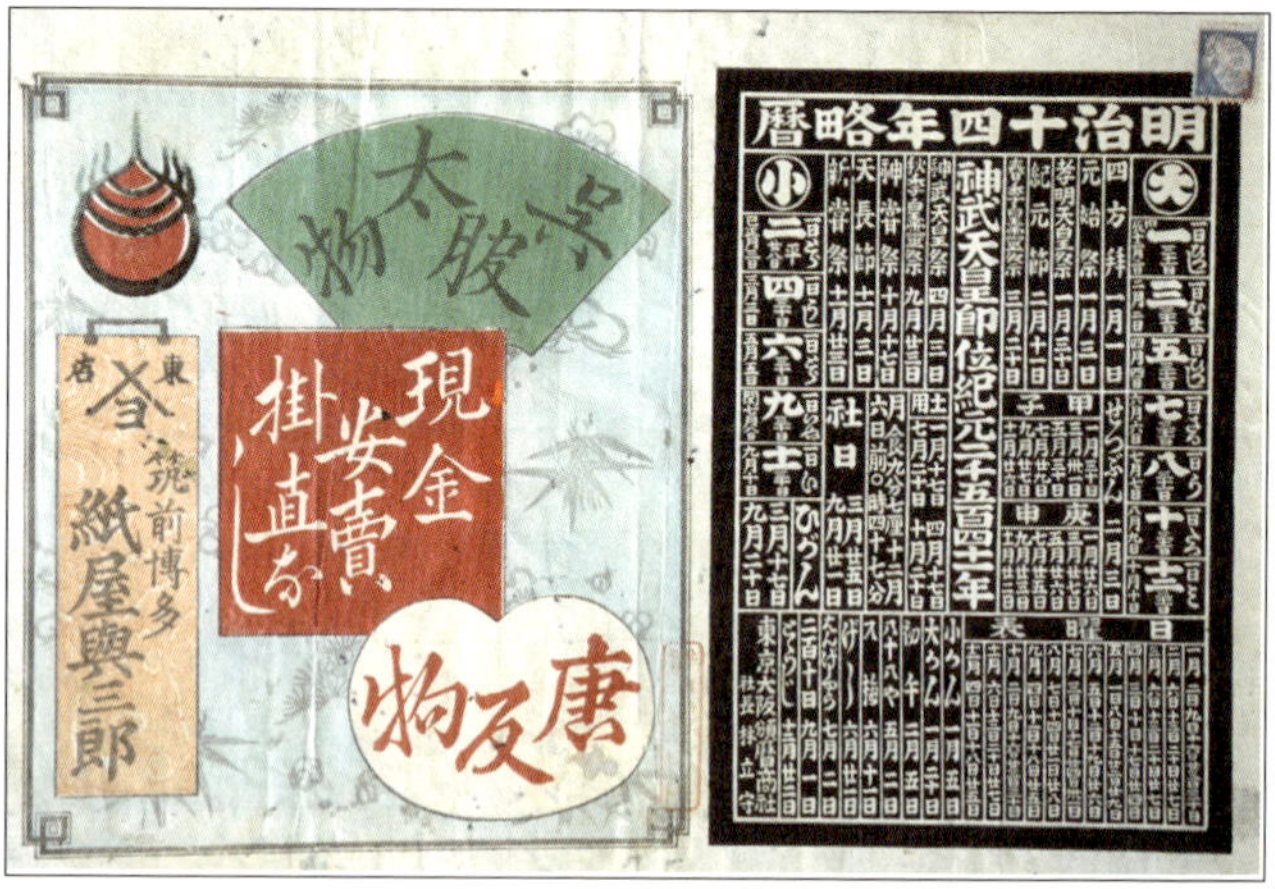

右：紙与呉服店の引札。引札とは，店や商品の宣伝のために配られたチラシのこと（福岡市博物館蔵）

左：絵葉書「紙与呉服店」（大正８年ごろ。平原健二氏蔵）

回想記にそう書いている。

与三郎の生き方は、知恵と胆力によって巨富をつかんだ豪商・神屋宗湛、嶋井宗室らを彷彿させる。鎖国政策によって抑え込まれていた商人魂が、再び燃え上がった。

『渡邊與八郎伝』（橋詰武生編著）によると、与三郎の父・与助は、筑前国穂波郡伊川村（現・飯塚市伊川）の農民・伝吉ととめ夫婦の長男。十三歳の時から博多の洲崎町上（須崎町）にあった漆器・履物屋の「紙屋」で奉公した。年季を終えて三十歳でクニと結婚、呉服の行商を始めた。八年間で銀三十八貫を稼ぎ、四十一歳で、「紙与《かみよ》」呉服店を西町上（現・店屋町）に開いた。屋号は主家から一字もらった。

天保元（一八三〇）年、長男として生まれた与三郎は、律義で堅実な父とは対照的だった。小倉や下関で、良質の金貨だった昔の小判を買う「小判買い」で千両も儲けた。嘉永四（一八五一）年の決算では、二千八百両の利益を出し、銀五百匁の運上銀を納め、当時の町人格式では大賀次という高い位を得ている。

与三郎は七十二歳の時、「紙与憲法」とも言うべき八か条を家族に示した。

一、物品や金銭借り入れの連帯保証人になるな
二、約束手形の裏書をするな
三、実印は大切にせよ
四、米商株式の売買をするな
五、土地の見込み買いをするな
六、本業を大切にし流行の事業を起こすな
七、信心せよ
八、火災、盗難、悪病に注意せよ

一条ずつ詳しい説明を加え、「付属」として「家業見習に就かせる者は、見込みある人物なら男女を問わない」と説いている。

全体としては堅実な商売を説き、歴史の激動期に機略縦横に生きた商人にしては意外な印象を受ける。間もなく終える混乱の後の時代を見通していたのかもしれない。

最後に引用している古歌に、与三郎らしいチャレンジ精神を読みとれる。

植て見よ花の育たぬさとはなし

与三郎の半生は、幕末から明治維新を経て、日本が急速に近代化する時代と重なる。政府は殖産興業政策を強力に推進、日清戦争（一八九四－九五年）をはさんで産業革命が起こった。

新しい風を受けた博多の商人たちの活躍もめざましい。明治十二（一八七九）年に始まった「誓文《せいもん》払い」は、八尋利兵衛の発案による。もとは関西に伝わる商人の神事に合わせた安売りで、利兵衛が大阪でその活況ぶりを見て帰郷、呉服店を回って呼びかけると二十七店が参加し、多くの客を集めた。年ごとに規模が大きくなり、冬の恒例と

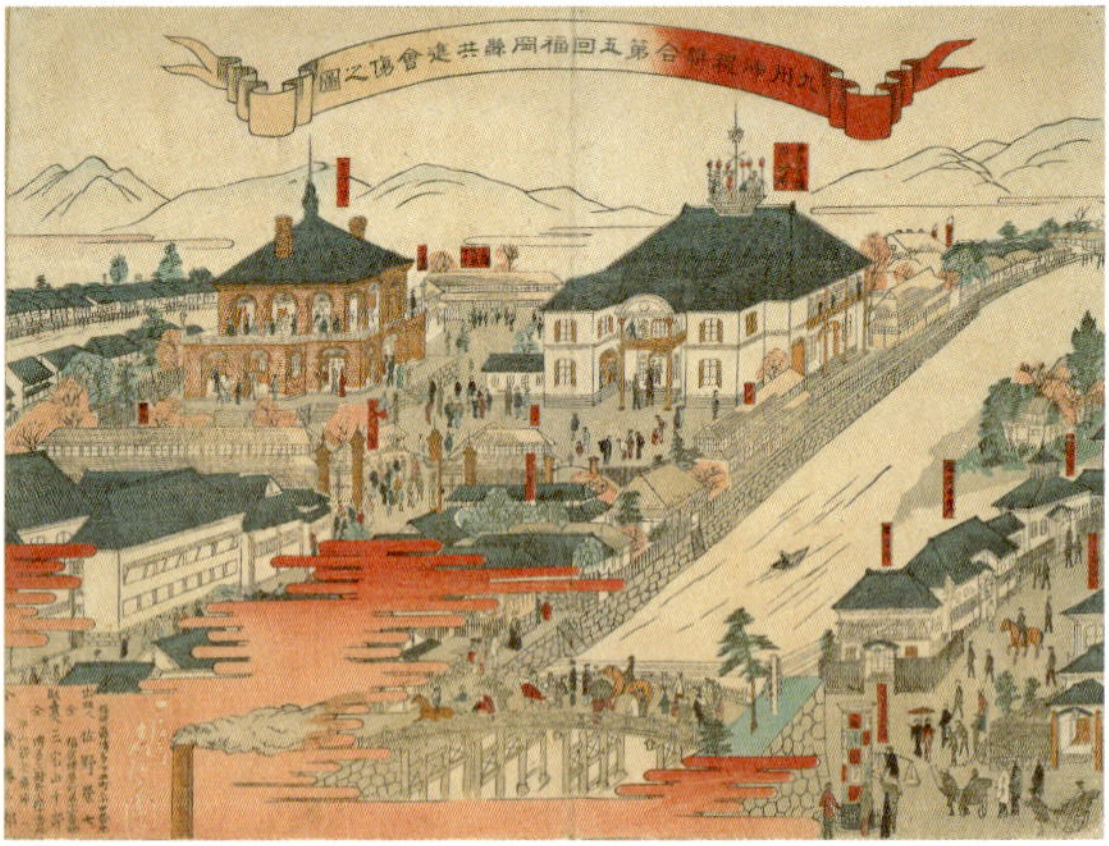

上：「博多停車場之図」。万摺物商・今西卯之助の引札に描かれたもの。明治22年に開業した九州鉄道（現・ＪＲ九州）博多駅（福岡市博物館蔵）

下：「九州沖縄聯合第五回福岡県共進会之図」。九州沖縄８県連合共進会は各県持ち回りで開かれたが，福岡県での初開催は明治20年の第５回目。画面右下は桝形門で，この年の末から撤去が始まった（福岡市博物館蔵）

して今も続いている。

明治二十二年は、歴史的な年になった。市制・町村制が施行され、福岡市が誕生した。鎖国政策でさびれていた博多港が特別輸出港に指定され、米や石炭などが輸出できるようになった。玄関口となる博多駅も開業した。

市人口は五万八百四十七人。うち約四千六百人が、卸売商、仲買問屋、小売商。主力商品は、関西や中国・四国方面から博多港に集められた穀物や呉服、紙などだった。

この年、与三郎は還暦を迎え、当主の座を与八郎に譲っている。与八郎は二十三歳。父親をしのぐスケールの大きい商人となる。

商売に兵法の極意

福岡市・天神の渡辺通に面した「紙与渡辺ビル」。与八郎の孫にあたる会長の渡辺与三郎さんは、穏やかな笑顔

上：絵葉書「博多駅」。明治42年に建て替えられた駅舎。昭和38年に現在の駅が開業するまで博多区祇園町にあった（益田啓一郎氏蔵）

下：明治・大正・昭和の3代にわたって福博のまちを走り続けた「チンチン電車」。廃止から4半世紀たっても子供たちの人気を集める（福岡県須恵町の町立歴史民俗資料館）

で迎えてくれた。戦後焦土の中から再出発し、現在、不動産業を手広く営んでいる。

与八郎から伝えられた家訓は「誠実と謙虚」。与八郎の生涯はこの二語に貫かれている。

父から受け継いだ呉服商を発展させた与八郎は、綿布、絹布、染め物まで扱い、京都、滋賀、愛知から商品を仕入れ、商圏は九州全域はもちろん、中国、朝鮮に及んだ。

醤油屋や足袋屋などさまざまな業種へ進出、次々に独立させ、親族や従業員に経営を任せた。銀行や鉄道会社へ投資するなど、急速に経営を拡大させた。

一方では、従業員の福祉につながる先駆的な試みを実現させた。

明治二十七（一八九四）年、本家、分家から従業員まで含めた「渡辺一統共有財産組合」を発足させた。災害に備えた相互扶助的な保障機関で、渡辺家所有の不動産を基本財産とし、組合員が拠出する毎月の掛け金と利子を運用するシステムだった。

　与八郎の願いは、一族や会社の発展にとどまらなかった。市全体の発展を常に視野に入れていた。

　明治四十三年春、福岡県の主催で九州沖縄八県連合共進会が開催されることになった。各地から商品を持ち寄り、商談とともに、開催地の産業を宣伝するイベントで、当時は貴重なビジネスチャンスだった。

　この機会に市の基盤整備を、と考えた与八郎は、有志を集め「博多電気軌道」を設立した。天神から渡辺通、住吉を通って博多駅、そして築港から天神に戻る循環線「博多電車」を走らせる計画で、土地買収には膨大な資金を要したが、「電車が通れば家は倒れてもよい」と広言、用地買収の陣頭に立った。

昭和39年の渡辺通。道路中央には路面電車が走る

　電車は福岡市民の足として、昭和五十四（一九七九）年に廃止されるまで、人々に親しまれた。

　九州帝国大学（現・九州大学）の草創期にも力を尽くした。京都帝国大学福岡医科大学を九州帝大へ昇格させる計画が持ち上がった時、運動資金に五千円を寄付した。家を二軒は建てられる大金だった。これで弾みがついたが、再び難題が持ち上がった。

　予定地の近くに遊郭があったことから「教育上好ましくない」とクレームがついたのだ。遊郭には千人が住んでおり、立ち退きには約四万七千坪（約一六万平方メートル）の土地が必要だった。与八郎は、住吉村（現・博多区住吉）の所有地を提供することにした。遊郭との話し合いは難航したが、最後は福岡の発展を願う与八郎の熱意が伝わった。

　剣道九段。小野派一刀流の目録を受

けている。座右の銘も兵法の極意だった。

「争わずして克《か》つ」

兵法は商売に通じる。株式、不動産投資は将来への布石だったし、共有財産組合は企業全体の活力を引き出しただろう。都市基盤の確立に力を注いだことも、結果的には会社経営の支えになった。

これらすべてが「争わずして」自らの力を蓄え、「克つ」ことだったのではないか。

嶋井宗室は双六《すごろく》にたとえて、商売の極意を「勝とうと思って打つべからず負けじと思って打つべし」との言葉で残した。

与八郎の信条に通じるものがある。

明治四十四年十月、博多電気軌道の開通を見届けるように、「流行病」のため、四十五歳で死去した。

生涯、名声や名誉に関心を示さなかった。電車が走った天神から柳橋に続く通りを「渡辺通」と名付ける話が出た時、どうしても首を縦に振らず、実現したのは死後間もなくしてからだった。

与三郎さんは、家訓である「誠実と謙虚」という言葉を最も大切にしている。「われわれは博多のまちに育ててもらいました。博多のためならできうる限りの力を尽くす、というのは渡辺家に代々伝わってきたことなのです」

福岡から日本の太田へ

「太田一族」は政界・財界に人脈を築いている。太田和郎・ホテル日航福岡社長、太田誠一・元衆院議員をはじめ、太田清蔵《せいぞう》・元東邦生命社長、太田清之助・元博多大丸会長、姻戚には桜内義雄・元外務大臣、亀井光・元福岡県知事……。

博多商人の中で、これだけ多くの人材の名が挙がってくる一族は少ない。何か理由があるのだろうか。

武野要子教授に聞くと、「博多にしっかりと根を下ろしながらも、常に中央へ進出することを意識したからではないでしょうか。とくに四代目太田清蔵の時代から」という答えが返ってきた。

四代目清蔵が多感な思春期を過ごしたのは、明治政府が中央へ権力を集中させた時代だった。

商業振興政策も東京中心に進められた。その象徴が、明治十（一八七七）年に東京・上野で開催された第一回内国勧業博覧会だった。趣意書にはこう書かれている。

「一場に就いて全国の万品を周覧し其優劣を判別……」

その第一回で、博多織をはじめ六つの品が受賞、全国にその名が知られるようになった。浮き立つような時代の空気が、少年清蔵の夢を大きく育んだに違いない。

明治20年の福岡と博多の様子を伝える「博多絵図」（林圓策・金澤元太郎筆。九州大学附属図書館六本松分館蔵・檜垣文庫）

『五代太田清蔵伝』（花田衛著）によると、太田家は「芦屋《あしや》釜《がま》」で知られる福岡県芦屋町の鋳物師だったと言われる。遠賀町に移り農業を営んでいたが、幕末、長男・室吉と二男・万吉の二人は母親に連れられて博多へ出た。万吉が初代の太田清蔵である。

魚売りから身を立て、三十代で油類販売業を始め、屋号を太田屋とした。商才にたけていただけではない。貧民救済のため多額の金と米を藩に寄付し、後に博多の町人の格式としてはナンバー４にあたる「年行司次」に選ばれた。

二代目も藩へ寄付をしたり、藩士の借金返済を延期したり、捨て子を育てたりして、父をしのぐ「大賀次」を与えられた。長女シゲと結婚した宇美新平（福岡県宇美町生まれ）が三代目となる。三代目に子ができなかったため、シゲの妹ジュンの二男・信次郎が養子となった。

明治十三年、三代目は病床に信次郎を呼び、「家業をもり立てるのはおまえだ」と言い残して死去した。信次郎はそれまで商売にはあまり関心がなかったが、四代目を継いだこの日を境に、一族の頭領として目覚ましい活躍を始めた。その時、十五歳。

油の製造販売と金融業を営んでいた。貸金の取り立てに行くが、子供だと軽んじられ相手にしてくれない。悔しさは募ったが、ひたすら耐え、何回も足を運び、回収のコツを体得したという。

油製造は力仕事だった。菜種を運んだり、搾ったり、朝から晩まで働いた。その合間には、従業員を相手に相撲や柔道に興じ、結束を固めた。

商売を軌道に乗せてからも、時代の流れを見据え、常に日本と福岡の未来を考えていた。

二十五歳で福岡市議、三十四歳で博多電燈会社取締役会長、三十九歳で博多商業会議所会頭になった。九州瓦斯社長、博多湾鉄道会社社長も務めた。

上：河鍋暁斎筆「上野公園地内国勧業博覧会開場之図」。明治10年に開かれた第１回内国勧業博覧会の様子が描かれている（東京国立博物館蔵）

右：復古堂のポスター。復古堂は，河原田五郎兵衛が文亀元（1501）年に創業した。７代目から平助を名乗り，４代目平助の時に藩主・黒田斉隆から「復古堂」の商号を与えられた。９代目が売りだした「平助筆」は粗悪品が出回るほどの人気で，類似品と区別するため８代目の顔写真をラベルにして張り付けたという。第１回内国勧業博覧会に出品し，褒状を受けている（福岡市博物館蔵）

下：磯野鋳造所の引札。磯野七平も第１回内国勧業博覧会で褒状を受けた１人。磯野家は代々鋳造所で，馬にひかせる「磯野式犂」により全国に名が知られるようになった。七平は第２代福岡市長を務めている（福岡市博物館蔵）

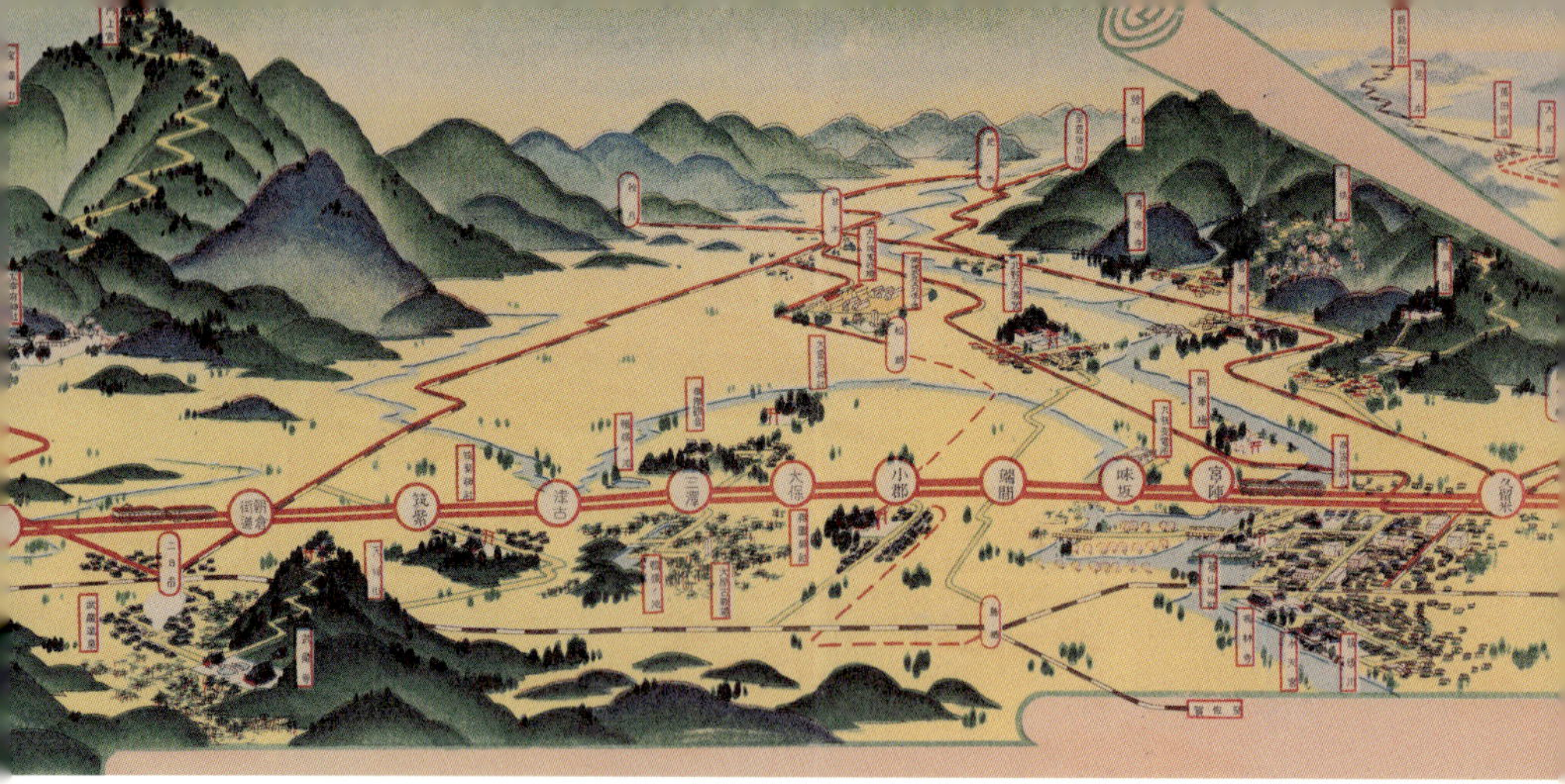

四十四歳で衆院議員に当選、六十三歳で第一徴兵保険社長になった。「福岡」から「日本」の太田になったのを見届けるように、昭和二十一（一九四六）年、八十二歳で世を去った。

　五代目清蔵も卓越した商才を持っていた。第一徴兵保険を東邦生命と改称。商業都市として成長する福岡に全国から資本が進出する時代が来ることを見通していたのだろう。二十八年に大丸デパートを誘致。現在の博多区呉服町にあった地上八階、地下二階の白壁の大型ビルに大丸が開店、七、八階には帝国ホテルが入居した。

　「福岡の発展のため呉服町に大ビルの建設を」と切望していた四代目の遺志が実現した瞬間でもあった。

　四代目の孫にあたる太田和郎社長は生まれも育ちも東京だが、「福岡でホテルを経営していると、なぜか東京には負けたくない、と思う。やっぱり、じいさんの血が流れているんでしょうね」と言う。

天神の夜明け

　昭和十一（一九三六）年十月一日、開店を六日後に控えた福岡市・天神の岩田屋百貨店で落成式があった。社長の中牟田喜兵衛に続いてあいさつに立った市長の久世庸夫《つねお》は、祝辞をこう述べた。

　「創業二百年の土着の福岡商人である岩田屋が、伸びゆく大福岡の波に乗って中牟田一族を団結し、雄大な百貨店を開かれたことに期待する」（花田衛『天神のあけぼの――中牟田喜兵衛伝』。以下の記述も主に同書による）

　中牟田喜兵衛の新たな一歩を簡潔に表現している。

　地上七階、地下一階、ルネサンス調の壮麗な建物は、それまで博多っ子が見たこともない威容だった。

　開業の朝、周辺は人の波で埋め尽く

九州鉄道が開業時に発行した「九州鉄道沿線案内」（部分。大正３年。益田啓一郎氏蔵）

された。花火が上がり、五色の紙吹雪とハトが舞う中、待ちかねた客は続々と店に吸い込まれた。

岩田屋の歴史は宝暦四（一七五四）年、大工町（現・中央区大手門）に中牟田小右衛門が開いた呉服店から始まる。屋号は、奉公した岩田屋平七から譲り受けた。黒田藩出入りの呉服商となり、明治維新後、博多支店を開いた。

明治十八（一八八五）年、博多支店初代喜兵衛が始めたのが「正札現金売り」だ。当時、商品に値札はなく、店先ではそろばん片手に、交渉しながら売値を決めていた。これでは、いかにも能率が悪い。

越後屋（現・三越）が始めた正札売りを取り入れた初代の狙いは的中、客の信用も得た。

二代目喜兵衛は、佐賀市呉服町（現・呉服元町）生まれ。二十二歳で養子になり、大正十（一九二一）年、二代目を襲名した。

呉服店は、生活の洋風化に伴い、転換期に差しかかっていた。従来の方法に行き詰まりを感じた喜兵衛は、昭和六年、近くの洋館を借り、日用雑貨販売の「岩田屋マート」を開いた。

しかし、挫折した。売り場が狭く、高級店だった岩田屋のイメージにも合わなかった。決断は速い。わずか一年で閉じた。

「百貨店をつくるなら福岡最大の売り場面積を持つ大きなものにせねばならない」

そう決意した。

百貨店の開業は、マートの失敗から多くを学び、満を持しての再出発だった。

場所は天神を選んだが、呉服町と土居町も候補地だった。天神はまだ、野っ原で、人家もまばらであり、商店に適しているとは思えなかった。しかし、喜兵衛は、九州鉄道（現・西日本鉄道）の終点の福岡駅があることに確かな将来を感じた。

「ターミナル・デパートには電車の利用客が大勢集まる。それに九鉄も久留米から大牟田へ延びれば、沿線のお客さんもふえてくる。博多部よりもむしろ将来性のある福岡部へ進出した方がいい」

　しかし、スタートでつまずいた。初日の売り上げは、予想を大幅に下回った。その理由は、買いやすい手ごろな価格の商品が少なかったためだ。陳列だけ見て別の店で買い物をする客が多かったことから「見るだけの岩田屋」と陰口をたたかれた。

　喜兵衛はすぐさま手を打つ。開店から十日目、母校である福岡商業（現・福翔高校）の校長らを招いて、率直な意見や批判に耳を傾け、改めて「良品正価」、「サービス第一」を徹底することを決意し、「見る」から「買う」店への大胆な改革を進めた。

岩田屋百貨店（昭和27年）

　こんなエピソードがある。開店して間もなく、汚かった福岡駅のトイレが見違えるようにきれいになった。やがてそのわけが分かった。喜兵衛が、毎日出勤前に掃除をしていたのだった。

　座右の銘を聞かれると、決まってこう答えた。

「経営は一歩前進、人とのまじわりは一歩後退」

　もう一つ好きな言葉があった。

「業務は日に新たにせよ」

　喜兵衛の生涯を象徴している。

　五十五歳で長男の喜一郎に社長の座を譲って会長に就任し、八十八歳で死去した。

　それから、二十四年――。

　平成十六年二月二十二日午後八時、岩田屋百貨店のシャッターが下りた。天神に〝あけぼの〟を告げてから、六十七年の歴史が幕を閉じた。

三月二日、約一〇〇メートル離れたきらめき通りに新本館が開業、新たな歴史が始まった。

新たな舞台・天神

天神の一角、車や買い物客がひっきりなしに行き交う明治通りに面して、小さな鳥居の水鏡《すいきょう》天満宮がひっそりとたたずんでいる。

昌泰四（九〇一）年、讒言によって左遷された菅原道真が大宰府に向かう途中、川面を水鏡にして自分の姿を映し、「私の魂は長くこの地にとどまり、無実の罪に苦しむ人々を守り続ける」という言葉を残したという。この由緒から、「天神さま」と呼ばれる道真を祀る水鏡天満宮が建立された。天神の地名はこの神社に由来するという。

福博の発展には、交通網の整備が深く関わっている。

九州経済調査協会の鳥丸聡・情報研究部長は、「ヒトやモノを運んでくる交通インフラの整備と商業都市の発展は、表裏一体の関係にある。福岡が繁栄した理由もそれだ」と分析する。

天然の良港である博多湾では、古代から海外との行き来があり、外国の使節を迎える鴻臚館も置かれた。中世豪商は朝鮮や中国、西欧との交易によって巨富をつかんだ。鎖国時代に入っても、整備された街道を利用して商品を流通させ、情報が集まる宿場町を拠点にして賑わいを失わなかった。

明治維新から戦後にかけての交通基盤の整備が、それを加速する。

商業の中心地としての天神の歴史は、大正十三（一九二四）年、九州鉄道の終点・福岡駅の開業とともに始まる。

絵葉書「松屋百貨店」（昭和８年益田啓一郎氏蔵）

『福岡天神都心界五十年の歩み』（都心界）によると、呉服商の宮村吉蔵が昭和七（一九三二）年、天神の北側にマツヤレディスの前身となる松屋百貨店を開いた。

「利益はいただいておりません」というのが商売の表口上だったこの時代、「利益は公平に、たとえ親族たりとも値引きせず」をモットーにした。店の入り口で毎日客を出迎え、「松屋じい」として敬愛された。

四年後、岩田屋百貨店が天神に開業、近接する両百貨店は安売り合戦を繰り広げた。岩田屋が足袋を一足五銭で売り出すと、松屋は一足二銭で対抗した。

戦後も天神を舞台に激しい商戦が繰り広げられた。山陽新幹線（博多—岡山）が開通した昭和五十年、博多大丸が呉服町から天神に移り、続いて、天神コア、天神地下街、岩田屋新館が立て続けにオープンした。これが後に第一次流通戦争と言われる。

第二次は、ソラリアプラザやイムズの開店（平成元年）で始まり、第三次は大分自動車道（日田—玖珠）の開通（平成七年）と前後して、岩田屋Ｚサイド、博多大丸東館エルガーラ、福岡三越が登場した。

そして今、第四次戦争が始まった。

平成十六年三月二日、新館をオープンさせた岩田屋の佐久間美成社長は、元伊勢丹副社長。創業者の中牟田一族以外では初めてのトップになる。

呉服店として創業した宝暦四（一七五四）年から二百五十年の歴史を踏まえ、「新本店のオープンは、百貨店開業に続く第三の創業と位置づけております」と言い切り、「老舗百貨店と夢のある都市型百貨店の調和を」と、並々ならぬ決意を見せる。

長期不況の中でも「福博は元気」と言われる。交通網の発達と、天神への商業集積がその要因であることは間違いない。ヒトはヒトを呼び、情報は情報を集め、富は富を招いている。

福博の人々の気質が、その相乗効果を支える活力になっている。

古代から海を渡ってやってくる人々を迎え入れ、学問や芸術を抵抗なく受け入れ、都市発展のエネルギーにした。

鳥丸部長は、「福岡は外部から来たものを自分たちの文化に取り込むことが本当にうまい」と言う。

福岡市は国や大手企業の出先が地域経済を支える「支店経済の町」と言われる。

しかし、と鳥丸部長。「地元の人々は、それを逆手にとって地域を活性化させているんですよ」と指摘する。

確かにこの町は、外部からもたらされたものを上手に取り込み、自らのパワーに変える才覚に秀でている。

貿易を支配してきた中国人からノウハウを吸収すると、代わって自ら主導権を握った。宋人貿易商がたしなんでいた茶を生活に取り入れたり、中国で学んだ織物技法を博多織というオリジナルに仕上げたり。最近では豚骨ラーメン、からし明太子……。例をあげればきりがない。

　その一方で、富を求めて全国からやってきた武力・権力に表面では従いながらも、自治の精神を失うことがなかった。

　現在の商戦で言えば、大手資本の進出をビジネスチャンスとしてとらえ、貪欲に知識を吸収しながら、自らの商いに生かす。しかし、それだけではない。地元を知り尽くした商法と人脈を武器に勝負に出る。そういうことではあるまいか。

　新しいものは大胆に取り入れながら、伝統や格式、そして文化を頑固に守り続ける――それが博多商人だ。

デパートや大型店が林立する渡辺通。地場と県外資本の商業施設が生き残りをかけて競い合っている（福岡市・天神で）

主な参考文献

アレシャンドゥロ・ヴァリニャーノ著、松田毅一他訳『日本巡察記』平凡社東洋文庫、一九七三年
泉澄一『堺――中世自由都市』教育社歴史新書、一九八一年
泉澄一『堺と博多――戦国の豪商』創元社、一九七六年
上田純一『九州中世禅宗史の研究』文献出版、二〇〇〇年
江島茂逸『商人亀鑑――博多三傑伝』博文館、一八九二年
貝原益軒、伊東尾四郎校訂『筑前国続風土記』文献出版、一九八八年
亀井明徳『日本貿易陶磁史の研究』同朋舎出版、一九八六年
川添昭二『九州中世史の研究』吉川弘文館、一九八三年
川添昭二編『よみがえる中世1――東アジアの国際都市博多』平凡社、一九八八年
川添昭二『九州の中世世界』海鳥社、一九九四年
川添昭二『対外関係の史的展開』文献出版、一九九六年
佐久間重男『日明関係史の研究』吉川弘文館、一九九二年
白石一郎『博多歴史散歩――二千年のあゆみ』創元社、一九七三年
申叔舟著、田中健夫訳注『海東諸国紀――朝鮮人の見た中世の日本と琉球』岩波文庫、一九九一年
千宗室他編『茶道古典全集』淡交社、一九七七年
宋希璟著、村井章介校注『老松堂日本行録――朝鮮使節の見た中世日本』岩波文庫、一九八七年
武野要子『藩貿易史の研究』ミネルヴァ書房、一九七九年
武野要子『博多の豪商』葦書房ぱぴるす文庫、一九八〇年
武野要子『博多商人とその時代』葦書房、一九九〇年
武野要子『博多と長崎――風土記経済史』一九九〇年
武野要子『商人群像』黎明出版、一九九一年
武野要子『博多町人　栄華と経営手腕』中央経済社、一九九二年
武野要子『神屋宗湛』西日本新聞社、一九九八年
武野要子『悲劇の豪商・伊藤小左衛門』石風社、一九九九年
田中健夫『島井宗室』吉川弘文館、一九六一年
田中健夫『倭寇と勘合貿易』至文堂、一九六一年

トメ・ピレス著、生田滋他訳『東方諸国記』岩波書店、一九六六年
長沼賢海『日本の海賊』至文堂、一九五五年
中村質編『鎖国と国際関係』吉川弘文館、一九九七年
橋詰武生編著『渡邊與八郎伝』渡邊與八郎伝刊行会、一九七六年
花田衛『天神のあけぼの――中牟田喜兵衛伝』西日本新聞社、一九七六年
花田衛著、西日本新聞社開発局出版部編『五代太田清蔵伝』東邦生命保険相互会社八十年史編纂委員会、一九七九年
原口決泰『名護屋城の謎――豊臣秀吉と神屋宗湛』光陽出版社、一九九九年
又野誠「都市社会構造の一考察――『筑紫遺愛集』の人々を素材として」（『福岡県地域史研究』一九九八年16号）
松岡治『博多商人と神屋宗湛についての覚書』一九七四年
宮本又次編『九州経済史論集　第三巻』福岡商工会議所、一九五八年
村井章介『中世倭人伝』岩波新書、一九九三年
山科教言著、臼井信義他校訂『教言卿記』続群書類従完成会、一九七〇－七四年
ルイス・フロイス著、柳谷武夫訳『日本史』平凡社東洋文庫、一九六三－七八年
福岡天神都心界五十年の歩み編集委員会『福岡天神都心界五十年の歩み』都心界、一九九九年
西日本文化協会編『福岡県史』福岡県、一九六二－二〇〇三年
福岡県編『福岡県史資料』福岡県、一九三二－四四年
美津島町誌編集委員会編『美津島町誌』美津島町、一九七八年
峰町誌編集委員会編『峰町誌』峰町、一九九三年
堺市博物館「博多と堺」一九九三年
福岡市博物館「堺と博多展――よみがえる黄金の日々」一九九二年
福岡市博物館「チャイナタウン展――もうひとつの日本史」二〇〇三年
新潟県立美術館「唐皇帝からの贈り物展――中国の正倉院法門寺地下宮殿の秘宝」一九九九年

あとがき

古代から続く博多の商業史と商人の歴史に一年をかけて迫ってみよう――井上安正・読売新聞西部本社編集局長の発案で、そう決まったのが二〇〇二年の秋。二〇〇三年四月から計五十二回の長期連載とした。文化部、経済部、写真部の若手女性記者を中心に取材班をつくった。新鮮な目で歴史をとらえたいという狙いだった。

取材は図書館通いから始まった。古代から始まる博多の歴史のなかで、商人の足跡をどう位置づけ、どんなテーマで、何を書くか。議論を重ねた。

博多は二千年にもおよぶ歴史をもつ日本最古の商業都市である。その中核が商人である。神屋宗湛、嶋井宗室をはじめ中世の傑物が知られているが、そのルーツは縄文、弥生時代にさかのぼることができる。

ある商人の足跡、またはある時代に限った研究は多いが、古代から現代までの通史の中で商人の活動をとらえた書物は皆無に近かった。取材班は、史料に裏付けられた歴史を丹念に追った。

史実に忠実に、しかも歴史をダイナミックにとらえ、その中で懸命に生きた博多商人の姿に迫り、その活躍を生き生きと描き、楽しい読み物にすること。そして、商人たちの「魂」を描きたい。取材班がめざしたのはそれだった。

図書館通いの一方では、第一線の研究者に取材、子孫・関係者を訪ね回った。なかでも、史跡や埋蔵物を所蔵している施設、歴史の舞台となった場所には何回も足を運んだ。文献だけでは得られない「現場の空気」を感じたかったからだ。

商人たちは時代によってさまざまな顔を見せた。それをひとことで語ることは難しい。今ふりかえって思うことは、激動する時代の中で、商人たちはいつも、したたかに、しなやかに生き抜いたということだ。それを支えたものが、冒険心であり、ロマンであり、商いに生きる誇りだった。そして、いずれも自らの富を蓄える一方で、深く郷土を愛したことも痛感した。

取材班が伝えたかった商人たちの「魂」が、現代に生きるわれわれに少しでも元気を与えてくれるとしたら、これに勝る喜びはない。

取材に協力していただいた多くの研究者、関係者の方々に心から感謝の意を表したい。なかでも連載開始前から終了まで、数え切れないほどの指導、助言をいただいた武野要子福岡大学名誉教授には言葉に尽くせないほど感謝している。

二〇〇四年十月

「博多商人伝」取材班　屋地公克
工藤正彦
池田和正
白石知子
麻生陽子
江口聡子

本書は，2003年４月から2004年３月まで読売新聞西部本社版に連載された「負けぬが勝ち――博多商人伝」をもとに加筆・修正したものである。なお，肩書きは連載時のままとした。

博多商人《はかたしょうにん》――鴻臚館《こうろかん》から現代《げんだい》まで

■

2004年11月15日　第１刷発行

■

編者　読売新聞西部本社

発行者　西　俊明

発行所　有限会社海鳥社

〒810－0074　福岡市中央区大手門3丁目6番13号

電話092(771)0132　FAX092(771)2546

印刷・製本　瞬報社写真印刷株式会社

ISBN 4-87415-494-8

http://www.kaichosha-f.co.jp

［定価は表紙カバーに表示］